평범예찬

평범예찬

정담아

개정 증보판 작가의 말

첫걸음을 향한 칭찬은 기쁨인 동시에 족쇄이기도 했다. 별 생각 없이 블로그에 끄적인 글을 모아 출판한 첫 책이 사랑받을수록 부끄러웠다. 재쇄를 권하는 목소리에도 계속 주저하다 뒤늦게 결심했다. 개정 증보판을 내기로.

날것의 언어를 다시 들여다보았다. 분명 나였지만 더 이상 내가 아닌 나의 언어들. 이상했다. 여전히 나는 불안하고 불안정했지만 내가 쓰는 문장은 <평범예찬> 속 언어와 묘하게 달라져 있었다. 새 글을 더하고 싶어 끄적여 보았지만 아무리 이어 붙이려 해도 삐걱거리기만 했다. 그제야 깨달았다. 나도 모르는 사이 어느 부분은 조금씩 닳아 무뎌졌고 또 어딘가는 새롭게 자랐다는 사실을.

오랫동안 방치했던 블로그를 다시 뒤적여 몇 편을 덧대었다. 잔뜩 수정하고 싶은 마음을 눌러내고 그 시절의 문장을 최대한 그대로 두었다. 그제야 모든 글이 하나의 결로 흘렀다. 그렇게 그 시절 나와 다시 만났다.

그때의 나를 애정 어린 시선으로 바라봐준 이들과 그 시간을 함께 구르던 수많은 인연에 고마움을 전하며,

자신도 모르는 사이에 조금 둥글어지고 자라났을 오늘의 당신에게, 나름의 모양으로 변해 온 무수한 시간 속 당신에게, 애틋한 응원을 보낸다.

초판 작가의 말

하고 싶은 말.
해야 하는 말.

어른이 된다는 건 하고 싶은 말은 접어두고
해야 하는 말을 꺼내 드는 것.
세상으로부터 어른이라는 이름표를
쥐어 받은 나는,
오늘도 하고 싶은 말들을 아무도 없는
허공을 향해 토해낸다.

하고 싶은 말.
하지 못한 말.

누군가에게 가닿지 못한 채 부서져버린 말들은
결국 하지 못한 말이 되어 가슴에 맺힌다.
앞으로 얼마나 더 많은 말이 마음에 머물게 될까.

이 글은 넘어지고 또 넘어지고 하염없이 길을
헤매던 나의 시간 속에서 꺼내지 못한 말이다.

그리고,

나에게 보내는 위로이자
나와 비슷한 시간을 걸어온
혹은 걷고 있는 당신에게 전하는 응원이다.

차례

개정 증보판 작가의 말   4
초판 작가의 말   6

경험이라 쓰고,
방황이라 읽는 날들

개나리의 속사정   15
동병상련의 아픔   20
어느 타조의 고백   24
미적지근한 열망   29
박쥐의 마음   33
엄친딸의 위엄   36
비틀대는 삶   41
비합리적 선택을 향한 응원   47
속도와 방향성   51
서글픈 애매모호   54
친구의 결혼식   56
서글픈 추석   61
제습제가 된 기분이야   65
배신   67
사자와 소의 사랑법   69
책장 정리   72

평범을 향한 몸부림

평범 예찬	79
"도대체 몇 살이세요?"	84
보내지 못한 메시지	91
악몽	95
불면의 밤	100
'혹시나'와 '역시나' 사이	102
여주인공 놀이	105
"요즘 뭐해?"	108
"미안. 재미없지?"	112
공포의 가족 모임	118
미처 하지 못한 말	122
엄마의 친목회	126
어버이날의 감상	130
"부모님은 뭐하세요?"	134
마음 거울	139
오늘의 운세	140
마음 맞이 대청소	142
바로, 지금	146

겨우 안착한 평범?!

"유명하면 돼요."	153
노동의 대가는 설움	156
내가 싸움닭이 되어가는 이유	159
불편한 호의	162
돌려주고픈 빅엿	166
소모품의 바람	169
감정과 언어	172
나의 소망	176
청춘이 청춘에게	180
술 권하는 사회	183
긴 연휴가 남긴 상념	187

그리고,

고마워	193
작은 위안	194
타인보다 민감한	196
참 힘든 인생	198
낯선 인사	201
"우리 딸 사랑해."	202
나의 든든한 후원자에게	205
추억의 힘	211
두 친구	215
익숙한 투박함	218
동료라는 존재	220
좋은 사람	224
행복이란 뭘까?	227

경험이라 쓰고,
방황이라 읽는 날들

개나리의 속사정

 오래간만에 기분을 전환하기 위해 가까운 공원으로 봄나들이를 떠났다. 햇살도 적당했고 푸른 풀잎들 사이로 보이는, 지나치게 화려하지 않은 알록달록한 색채들도 마음에 들었다. 꽃의 힘을 빌려서라도 추레한 얼굴에 화사함을 더해보고자 개나리 앞에 가까이 낯짝을 확 들이밀던 내 눈에 개나리 '한 송이'가 들어왔다.

 개나리 한 송이,

 어쩐지 익숙하지 않은 이 단어의 조합. 개나리는 늘 한 가닥에 다닥다닥 꽃이 박힌 여러 가지가 모여 하나의 군집을 이루니까. 그래서 개나리꽃

한 송이에 대한 인식조차 제대로 해본 적이 없었다. 개나리는 '한 송이'에서 비롯되는 가련하고도 처량한 이미지 대신 '무리'가 빚어내는 상큼함을 몰고 다니는 존재였다. 그리하여 자고로 개나리 하면 초등학교에 갓 입학하는 어린아이 같은, 새로 시작하는 싱그럽고 아기자기한, 뭔가 몽글몽글 피어오르는 느낌이 연상되었다. 꽃이 가진 다양한 아름다움 중에서도 원숙미나 고풍스러운 기품보다는 철없지만 희망적인 아우라를 뿜어내는 어여쁨이랄까.

그런데 개나리꽃 한 송이는 마냥 철없는 어린아이가 아니었다. 너무 얇아서 애처롭게 제멋대로 말린 꽃잎과 여기저기 누렇게 시든 부분은 그 꽃이 견뎌왔을 시련의 시간을 말해주는 것 같았다. 어쩌면 자신의 여리고 아픈 모습을 감추기 위해 늘 그렇게 군중 속에서 자신의 본 모습을 숨겨왔을지도 모른다는 생각이 들었다.

'너도 나와, 그 사람과, 우리와 같구나.'

어른이 되면서 배워가는 한 가지, 어른은 아파도, 슬퍼도 웃는다는 것이다.

물론 아직 온전한 어른이 되지 못한 나는 여전히 주체할 수 없는 감정에 휩싸였을 때 삼켜야 할 눈물을 참지 못하고 갑자기 빵 터뜨리기도 하고, 심지어 아무도 미동하지 않는 순간에도 제일 먼저 눈물을 또르르 흘려보내기도 한다. 하지만 금방 아무렇지 않은 척 농담을 던짐으로써 어른답지 못했던 나의 행동을 무마시키는 법을 배웠다. 어른은 또한 하고 싶은 말을 다 입 밖으로 내뱉어서는 안 되며 때론 타인의 속내를 다 알려고 욕심내어서는 안 됨을 배웠다. 그러나 나는 그 역시 제대로 하지 못한다. 솔직하게 내 마음을 다 토해내야 직성이 풀리고, 가까울수록 진실이라는 말로 포장한 날카로운 말을 더 많이 뱉어낸다. 때론 날것 그대로의 감정을 쏟아부어내어 소중한 사람을 감정의 쓰레기통으로 만들어버리기도 한다. 진짜 하고 싶은 말은 저 바닥에서 차마 꺼내 올리지 못한 채 삐뚤어진 말 속에 꼭꼭 숨겨버리고. 그러면서 상대의 마음은 알고 싶어 발버둥 친다.

내 아픔을 숨기고 누군가의 아픔을 모르는 척하는 것이, 적당한 거리를 유지하는 것이 참으로 어렵다. 누군가를 향한 애정이 커질수록 그 거리의 '적정선'조차 알 수 없게 되어 너무 가까워 상대를 태우거나 너무 멀어져 상대를 얼어 죽게 만든다. 따뜻한 온기를 전하되 상대와 내게 상처를 주지 않는 거리는 대체 어느 정도일까? 나의 상처나 숨겨야 할 진심을 들키지 않고, 상대의 아픔과 외면해야 할 진실을 모르는 척할 수 있는 거리는 어디쯤일까?

정답을 몰라서, 알더라도 지키기에는 너무도 약해서 우린 종종 비겁해진다. 어쩌면 어른이 된다는 건 비겁해지는 일일지도. 개나리 역시 자신의 나약함과 초라함을 숨기기 위해 곁에 있는 존재에 붙어 진짜 자기 자신인 '한 송이'를 지워버렸을지 모른다. 우리에게 익숙한 개나리의 싱그러움은 성공적인 가면술의 결과일 수도 있다.

    그런데 옆 사람과 연대하는 개나리의 비겁함은 자꾸 스스로를 숨기며 뒷걸음치는 나의 그것보다 훨씬 멋진 걸. 역시 봄의 전령은 아무에게나 주어지는 게 아니었나보다.

동병상련의 아픔

 음력 8월 11일쯤 되는 어느 날, 태어나 처음으로 지하철역 플랫폼에 주저앉아 엉엉 울었다. 당시 나는 임용고사를 준비하던 수험생이었다. 그것도 삼수. 매번 아까운 점수로 떨어진 탓에 '내 노력이 부족했구나.' 싶어 그해에는 나름 최선을 다했다. 친구의 꼬임으로 시작했지만 노량진 고시원으로 거처를 잠시 옮겨 고시원, 독서실, 스터디를 오가며 인강과 자습으로 하루하루를 꽉꽉 채워갔다. 고시원과 독서실 등록비, 수강료, 수험서 구입비, 식비, 교통비 등 매달 고정으로 지출되는 비용이 꽤 되었기에 두 개의 아르바이트도 병행했다. 더운 여름 모두들 '대~한민국'을 외치며 붉은 열기를 태워갈 때 나는 그 소리를 들으며 이를 악물고 책에 밑줄을 그어가며 공부했고, 지난 사랑이 날 흔들어놔도 눈물을 삼키며 독서실 자리를 지켰으며, 돈과 시간을 아끼기 위해 컵밥과 주먹밥으로 끼니를 해결했다. 몸이 피곤했지만 마음은 희망으로 부풀었다. 그러나 그 희망은 한순간에 산산조각이 나버렸다. 시험 한 달 전, 내가 지원할 과목에서 단 한 명의 인원도 선발하지 않는다는 발표를 들은 순간부터. 그때의 절망감과 허망함이 떠올랐던 건 오늘 대통령의 해경 해체 발표 때문이다.

충.격.적.이.었.다.

과연 이것이 근본적인 해결책이 될 것인가에 대한 합리적 논의는 둘째치고, 미래를 준비하는 동지 입장에서 너무 마음이 아팠다. 해경이라는 꿈만을 바라보고 젊음을 허비했을 수많은 청춘들의 허탈과 좌절이 떠올라서. 물론 그들을 세월호 참사 희생자들에 비할 순 없지만 참사 이후 정부의 대책이 또 다른 많은 희생자를 만든 것 아닌지.

해경에 대해, 그 시험에 대해서 나는 아는 것이 아무것도 없다. 하지만 미래에 대한 희망 그 하나만으로 현실의 무게를 버티다 그 꿈이 물거품이 되어버렸을 때의 마음을 잘 안다. 보고 들어도 믿을 수 없는 현실을 마주하는 감정은 허망, 허무 따위의 단어로 담아내기도 헛헛할 뿐이다.

막.막.하.다.

무방비 상태로 야생의 정글에 내버려진 기분이다. 삶이란 전쟁터에서 나를 보호해주는 것은 아무것도 없다. 오히려 아군이라 생각했던 무리에게 공격을 받아 생채기를 입고 쓰러지기도 한다. 나를 보호하지 않더라도 최소한 나의 숨통을 죄어올 거라 의심하지 않았기에 상처와 충격은 더 크다. 보이지 않는 손이 내가 가는 길목마다 새로운 방해물을 세워 앞길을 막는 것만 같다.

　나와 같은 심정인 이들이 장벽을 뛰어넘는 날이 오길. 최소한 그런 꿈을, 희망을 포기하지 않기를.

어느 타조의 고백

 어릴 적 내게 바다는 드넓게 펼쳐진 내 미래 같았다. 넓고 푸른 바다를 보고 있자면 가슴이 두근거렸다. 뭐든 할 수 있을 것만 같았다. 그런데 언제부터인가 바다를 보고 있으면 두려움이 앞선다. 저 망망대해의 끝은 어딜까, 나는 지금 어디쯤에서 표류하는 것일까. 파도마저 나를 삼키려는 것 같아 가끔 어지러울 지경이다. 특히, 요즘은 더더욱 바다가 서글프다. 그래서 꽤 오랫동안 그 바다 앞에 펼쳐진 모래사장 어딘가에서 나는 머리를 처박고 있었다. 공포에 포위되면 모래에 머리를 처박는다는 타조처럼.

전문가들에 의하면 세월호 침몰 이후 우리 사회는 한국 전쟁에 능가하는 정신적 충격을 받을 것이라고 한다. 사고 현장의 생중계에서 오는 사건 자체에 대한 공포뿐 아니라 사고를 인지했음에도 속수무책으로 수많은 생명을 보내버린 무력감, 국가가 나를 보호해주지 못한다는 불안감, 어른으로서 어린 생명을 지켜주지 못했다는 죄책감, 어른을 믿고 순응한 대가로 목숨을 빼앗긴 젊은 세대들의 반항과 혼란, 사회 전반에 전염병처럼 번지는 불신의 병… 나는 이 모든 것을 외면하고 싶었다. 아니, 솔직히 실제로 외면했다.

사건 초기에는 슬.펐.다.

그나마 가장 희망적이었던 곳에서 면접 낙방이라는 개인적인 문제와 뒤엉켜 실시간으로 보도되는 뉴스를 보며 멍하니 TV 앞에서 하루 종일 눈물을 흘렸다. 죽음의 문턱 앞에서 오들오들 떨었을 아이들을 생각하니 내게 주어진 삶 앞에서 무기력한 자신이 부끄러웠고, 몇 년 전 아이들을 가르칠 때 너희들이 내 나이가 되었을 때 더 좋은 세상을 만들어주겠노라고 약속했던 다짐이 죄스러웠다. 친구와 새로운 뉴스를 주고받으며 아픔을 공유하는 것으로 하루하루를 채웠다. 시간이 갈수록 분노는 무력감으로, 다시 절망으로 변해갔다. 가슴은 불신으로 가득 찼다.

결국 나는 무.더.져.갔.다.

TV로 오열하는 유가족 모습을 보며 음식물을 씹어 넘겼고, 연일 보도되는 답답한 소식에도 '그럼 그렇지.'라고 자조할 뿐이었다. 도망치고 싶었다. 모든 사건의 틈에서 드라마적인 요소를 뽑아내 눈물샘을 자극하고, 사고 앞에서 보험금을 운운하는 언론에도 환멸을 느꼈다. 선과 악이라는 잣대에 맞춰 선박직원들을 악당으로 규정하고 그들에게 모든 화살을 돌리는 것도 불편했다. 솔직히 그들의 자질이 부족했던 것은 사실이지만, 죽음의 문턱 앞에서 본능에 따른 그들을 악의 축으로 규정하기엔 내가 너무 부끄러웠기 때문이다. 모든 것이 혼란스럽고 답답해 그냥 눈도, 귀도, 마음도 닫아버렸다. 그렇게 더 많은 시간이 흘렀다. 실종자보다 신원이 확인된 사람들의 수가 늘었고, 온통 한 곳에만 집중되었던 방송도 조금씩 다양한 색감을 다시 드러내고 있다.

나는 여전히 방.황.중.이.다.

사회와 시스템에 대한 불신과 나 스스로에 대한 불신이 더해져 부쩍 늘어버린 삶의 무게에 비틀대고 있다. 그럼에도 견뎌내야 하는 나는 희망을 찾는다. 인간이 만들어낸 재난과 불신의 정국 속에서 나는 인간이라는 희망을 본다. 극한의 상황에서도 본인의 목숨을 내놓은 의인들과 비보에 달려간 수많은 봉사자들을 보며, 역시 역사를, 사회를 변화시키는 것은 단 하나의 영웅보다 수많은 우리에 가깝다는 생각을 한다. 나도 그 수많은 우리 중에 하나가 될 수 있기를 소망한다.

미적지근한 열망

    요즘 들어 한 달 교통비만 10만 원 가까이 나올 정도로 버스와 지하철을 탈 일이 많다. 물론 두 다리를 사용해야 할 일도. 자가용을 몰고 가면 한 시간 이내면 족히 갈 거리도 지하철역까지 걸어가서 열차를 기다리고 또 다른 라인으로 갈아타고, 지상으로 나와 버스로 갈아타서 부지런히 도착 지점까지 걸어간 뒤 시계를 보면 한 시간이 훌쩍 넘어 있다. 버스를 탈 땐 창밖으로 지나치는 풍경을 보며 지친 심신을 달래고, 지하철을 타면 평소 잘 보지 않던 글을 읽기도 하며, 튼실한 두 다리로 대중교통이 지날 수 없는 공간 사이사이를 채우면서 운동 부족을 메운다고 위로해보지만 오지 않는 열차와 버스를 기다리며 흘려보내는 시간은 정말이지 너무 아깝다.

며칠 전, 지하철역에서 카드를 찍으며 들어가기 직전 전광판에 '열차 접근'이라는 표시를 보고 계단으로 후다닥 뛰기 시작했다. 층층이 놓인 계단을 뛰어 내려가는 시간이 얼마나 걸리지? 다음 열차 도착 시간은 언제지? 환승역에서 갈아탈 시간은 얼마나 밀리는 거지? 머릿속으로 여러 가지 변수가 복잡하게 맴돌았지만 그저 뱅뱅 돌 뿐 진짜 생각은 멈춰 있었다. 그저 돌진해야 한다는 생각으로 온 에너지가 모여 있었기에.

결국 나는, 탔다. 그 열차를.

생각해보면 나는 지하철이고, 버스고, 횡단보도 신호등이고 뛰지 않고 기다리는 쪽을 택했다. 기다리는 것을 미치도록 싫어하면서 말이다. 다음 버스나 지하철이 늦게 온다며 온갖 짜증을 부리며 구시렁대면서도 뛰지 않았다. 귀찮았으니까. 그래서 지하철과 버스를 여러 번 갈아타야 했던 대학 시절, 지각도 꽤 많이 했다.

    같은 동네에 살던 동기는 참 잘도 뛰었다. 지각이다 싶으면 포기하고 천천히 걷는 나에 비해 죽을 힘을 다해 끝까지 뛰어 수업에 들어가곤 했다. 정시에 가든, 조금 지각을 하든. 그 아이의 그런 면이 참으로 대단하다고 생각했다. 나는 절대로 할 수 없다고.

    돌이켜 보면, 나는 덜 열망했던 것이 아닌가 싶다. 굳이 뛰면서까지 인생을 정확하고 빠르게 만들고자 하는 의지가 내게는 부족했던 것이 아닐까. 남들이 다들 잘되고, 열심히 하고, 성실히 할 때 나는 그럴 수 없던 것이 아니라 그들만큼 그것을 원하지 않았던 것은 아닐까. 노력이 아니라 열망이 부족했던 것인지도 모른다. 예뻐지고 날씬해지고 싶은 평균 정도의 열망은 있지만 성형을 하고 식욕을 억누를 만큼은 아니고, 남들이 다 아는 회사를 다니며 떵떵거리고 싶지만 하고자 하는 일과 꿈을 꺾을 만큼은 아니며, 나에게 도움이 되는 사람들과 교류하고 싶지만 자아와 자존감을 잃고 싶지는 않은 정도. 그렇다고 소신을 지키며 꿈을 이루기 위해 죽을 만큼 노력할 자신도, 자아와 자존감을 세울 만큼 스스로를 갈고닦을 준비도 안 된 미지근한 상태.

덜 열망한다는 것과 능력이 부족하다는 것 중 무엇이 더 위로가 되는 변명일까? 뜨뜻미지근한 열정을 가진 나는 여전히 갈팡질팡 중이다.

박쥐의 마음

　이솝우화에 나오는 박쥐가 생각난다. 조류와 포유류 사이에서 갈팡질팡하다 결국 양쪽에서 모두 버림받고 마는 박쥐 말이다. 그 우화를 읽으면서 어린 시절 내가 깨달은 바는 양다리 걸치지 말고 분명한 태도를 보여야 하는 거구나, 정도였다. 하지만 현재의 나는 매일, 매 순간 박쥐가 된 기분이다. 이쪽도 저쪽도 아니고 항상 경계선에 어물거리는 소심한 박쥐.
　어쩌면 박쥐는 정말 자신의 정체성에 대해 혼란스러웠을지도 모른다. 불분명한 태도를 보이는 박쥐에게 필요한 건 돌팔매질이나 손가락

질과 같은 비난이 아니라 따뜻한 품이었을 것이다. 자신이 누구인지 모른다는 것, 그래서 '나는 이런 사람입니다.'라고 말할 수 없는 건 타인이 느끼는 답답함보다 더 큰 무게의 슬픔으로 본인을 짓누르니까.

불현듯 박쥐가 떠오른 건 제주도에서의 시간을 뒤적이던 중이었다. 제주도 게스트 하우스 생활은 취업 준비를 막 시작하려던 내가 저지른 꽤나 충동적인 선택이었다. 문제는 그 선택에 온 힘을 다하지 않았다는 것이었다. 몸은 제주도에 있지만 머리는 서울에 돌아가서 자리 잡을 생각에 사로잡혀 있었다. 사람들 사이에서 웃고 떠들다가도 문득문득 떠올라 머릿속을 뒤집어 놓고 가는 미래가 두려웠다.

그런 나를 보며 사장님은 말했다. 내가 제주도에 와서 마음껏 즐기지 못하는 것 같아 안타깝다고. 그 말에 꽤 따끔했다. 그 사실을 누구보다도 내가 가장 잘 알고 있었기 때문에. 속이 훤히 들여다보이는 투명한 벽으로 둘러싸인 방 안에서 혼자만의 비밀을 만들다가 뒤늦게 타인의 시선을 알아챈 이의 발걸음처럼 괜스레 마음이 조급하고 불안해졌다. 무엇보다 부끄러웠다. 그리고 며칠 뒤 우연히 타로 카드 리더로부터 비슷한 말을 다시 한 번 들었다. 내가 이도 저도 확정하지 못하고 서성인다는. 그리고 1년이 지난 지금, 여전히 나는 방황중이다. 정답을 모르겠다고 중얼거리면서.

박쥐는 어쩌면 동물 세계에서 가장 외롭고 서글픈 존재였을지도 모른다. 만약 박쥐가 용기 내어 한쪽을 택했다면 아무도 이의를 제기하지 않았을지도 모른다. 본인이 택한 그것이 바로 자신의 정체성이자 정답이 될 테니까. 나도 이제 성립을 고민하기보단 정답을 만들 때가 온 걸까.

박쥐가 된 나에게, 박쥐로 살아가는 수많은 사람들에게 격려를.

엄친딸의 위엄

3월 눈꽃처럼 난데없이 아빠가 물었다.
"이모, 이모부 해외 간 거 알아?"
"아니."
"지금 필리핀이래. 올해 환갑 기념으로 애들이 해외여행 보내줬대."

이모부가 올해 환갑을 맞이했다는 사실에 충격을 받고 있을 뿐이었던 내게 아빠는 더 강력한 질문으로 날 휘몰아쳤다.

"나 환갑 때도 갈 수 있나?"
"보내줄게. 어디 가고 싶은데?"
"피지."

"그까짓 거 지금부터 적금 부으면 되지 뭐."

그리고 나를 KO시킨 마지막 한 방.

"뭐로 돈 벌 건데?"

평소 말이 없던 아빠는 오늘따라 평소보다 많은 말을 드문드문 뱉어냈다. 한 근에 5만 5천 원인 한우 등심을 친구가 집에 싸가라며 사줬다는 아빠에게 말했다.

"아빠 친구들은 다들 부자인가봐."

내 입이 방정이었다. 마치 그 순간을 기다렸다는 듯 아빠는 말을 쏟아냈다.

"응. 자식들이 다 돈 벌어서. 한 달에 백만 원씩 준대. 애가 셋이라 한 달에 앉아서 삼백씩 받는대."

"요즘 연봉이 얼마나 된다고 한 달에 백만 원씩 줘. 말이 돼?"

"돈을 많이 버나 보지."

슬슬 배알이 뒤틀려 맞받아쳐 보았지만 아빠에게 중요한 건 팩트가 아니었다. 나는 쭈글이가 되어 죄인처럼 숨을 죽이고 있었다.

   이름 하여 엄.친.딸.

그들의 존재가 이리도 무서운지 예전엔 미처 몰랐다. 나는 표면적으론 부모의 속을 썩이지 않는 착한 딸이었고, 학교생활도 비교적 열심히 했으며, 교우 관계도 나쁘지 않았고, 성적도 괜찮았으니까. 그리하여 나는 남들이 경계하는 엄친딸이 될지언정 나의 존재를 비참하게 하는 엄친딸의 존재가 두렵지는 않았다. 본의 아니게 교만했던 과거를 지난 현재의 나는, 그 엄친딸의 위력을 새삼 실감하게 된 것이다. 번듯한 직장에 사업까지 한다는 딸, 그다지 좋은 대학 출신은 아니었으나 교수님이 되어 돌아왔다는 딸과 나를 비교하기 좋아한다는 먼 친척, 누구나 선망하는 회사에 떡하니 취업했을 뿐 아니라 엄마에게 낭만을 선물할 줄 안다는 로맨틱한 아들까지. 그들이 모르는 사이에 그들은 나의 적이 되어가고 있었다.

끝도 없는 비교의 심리. 이것은 과연 어디에서부터 비롯된 걸까. 물론 남과 나를 비교하는 남만을 탓하는 것은 아니다. 다른 사람들이 나에게 평균 미달이라는 도장을 쾅쾅 찍기 전에, 나는 이미 스스로를 저울대에 올려 다른 사람들보다 더 높은 상품 가치를 갖는지 판단하고 있으니까. 나와 상대가 가지는 고유한 특성 따위는 무시하고 그저 학벌, 외모, 직업, 나이, 스펙 등의 기준으로 어느 쪽으로 부등호가 열리는지 따져보는 유전자가 이미 내 몸 깊숙이 존재하고 있는지 모른다.

하지만 '누구나 할 수 있어.' '다들 이쯤 되면 이 정도는 해.'라는 기준이란 게 과연 성립될 수 있을까? 그건 그저 편의를 위해 만들어버린 일반화에 불과한 게 아닐까? 그 때문에 범주에 속하지 못한 이들을 아프게 만드는 건 아닐까? 타인 혹은 스스로에 의해 제가 가진 복잡한 형태를 반듯하게 잘라내고 정해진 틀 안에 속하려

애쓸 수 밖에 없기 때문에.

한때 나는 그런 부류의 사람이었다. '이만큼 했으면 이 정도는 해줘야지.'의 공식으로 세상을 보는. 학생이면 이 정도는 공부 해야지, 남자면 이 정도는 해야지, 대학생이면 이런 문제에 관심은 가져야지. 그리고 그 틀에 벗어나는 사람들을 보며 속으로 말했다.

'어떻게 그럴 수 있지? 진짜 이해가 안 가.'

엄청나게 좋은 운 덕에 늘 남들이 말하는 평균 기준치에 쉽게 다다랐던 나는 이제야 깨닫는다. 세상에 원래 그런 것은, 누구나 그래야만 하는 기준 따위는 없음을. 수많은 법칙을 들이대며 누군가를 이해할 수 없다는 오만함에서 이제는 그만 벗어나고 싶다. 그리고 미안함과 부끄러움을 고한다. 과거에 내가 이해 안 간다며 한심하다 여겼던 사람들에게.

비틀대는 삶

대학 시절, 2학년 때까지는 제대로 공부하고 시험을 본 적이 없었다. 리포트 역시 다를 바 없었다. 지금 생각해보면 대체 무슨 배짱으로 그렇게 보냈는지 신기할 따름이다. 당시 내 관심사는 학업 외 다른 것들이었고, 스펙에 담을 순 없지만 다양한 활동과 경험으로 하루하루를 바쁘게 채우고 있었다. 그런 내게 최악의 과목 중 하나가 바로 철학 수업이었다.

중간고사와 기말고사는 물론 매시간 쪽지시험까지 봤을 뿐 아니라 기말 리포트까지 제출해야 했다. 게다가 기말 리포트를 작성하기에 앞서 주제와 방향을 담은 사전 리포트를 들고 교수님과 면담을 해야 했다. 현저히 낮은 완성도 탓에 부끄러운 마음이 앞서 그때 쓴 기말 리포트 파일을 열어볼 엄두가 나질 않지만 주제와 결론은 어렴풋이 생각난다. '내 삶의 목적은 무엇인가?'가 주제였고, 그 답으로 '내 안의 모순을 극복하는 것'이라고 결론을 내렸다. 지금 생각해보면 철학적 논의보다는 에세이 정도로 써 내려가지 않았나 싶다. 이제 와서 그 리포트가 자꾸 떠오르는 것은 요즘 들어 나의 모순성이 더 자주, 분명하게 드러나기 때문이다.

모순 하나.

태어나서 단 한 순간도 내 삶의 목적이 물질이었던 적은 없었다. 스스로를 속물적이라고 칭할 때도 그 이유는 부보다는 명예를 따르는 속성에 기인했다. 직업을 생각할 때도 좋아하는 일, 보람된 일, 시간적 여유가 많은 일을 원했고, 행복한 삶을 떠올릴 때도 많은 부보다는 정신적으로 여유로운 생활을 떠올렸다. 그런 내가 변해가는 걸까. 종종 구질구질한 내 삶을 마주할 때마다 신경질이 난다. 아무리 명품이나 럭셔리한 생활에 관심이 없다고 해도 때때로 예쁘게 차려입고 분위기 좋은 곳에서 식사를 마친 뒤 값비싼 공연도 즐기고 안락한 곳에서 쉬고 싶다. 아주 가끔 그런 사치를 부릴 수 있는 게 일반적인 삶이라고 생각했고 주변을 둘러보아도 다들 그렇게 사는 것만 같은데 내 일상만 그런 것에서 동떨어진 느낌.

언제부터인가 대다수 사람들이 살고 있는 그런 세상에서 나만 저 멀리 떨어진 것만 같다. 일이천 원에 전전긍긍하고, 할부 대금에 허리띠를 졸라매며, 여행 한 번 가기 위해 열심히 계산기를 두드려 예산을 책정하고 지출을 맞추는 내가 궁색해 보인다. 그럴 때마다 꿈이고 뭐고 죄다 팽개쳐버리고 돈벼락이나 맞았으면 좋겠다는 생각이 굴뚝같다. 내가 원하던 건 분명 그런

게 아니었음에도. 이렇게 엄마가 입에 달고 살았던 돈돈돈 소리를 따라 하며 닮아가는 게 어른이 되는 것일까. 언젠가 자신만의 꿈을 품었을 엄마에 대한 가여움은 시작하기도 전에 비틀대는 나의 나약함에 쓸쓸함으로 끝을 맺는다.

모순 둘.

정의로운 사람이 되고 싶었다. 내가 뭘 할 수는 없겠지만 그래도 이 세상이 좀 더 좋은 방향으로 변화하는 데 작은 보탬이 되고 싶었다. 하지만 나는 눈과 귀를 닫고 산다. 내 인생만으로도 너무 소란스러워서 다른 사람의 인생까지 신경 쓸 여력이 없다. 책도 좀 읽고 싶지만 선택의 기로에서 판단할 때를 제외하면 생각이라는 걸 한 게 언제인지 가물가물하다.

그러던 내가 마음을 잡고 늘 쌓아만 두던 《한겨레21》을 오래간만에 펼쳐 들었다. 거기엔 수많은 사람들의 이야기가 있었다. 차별받는 비정규직 노동자들, 억울한 쌍용차 해고자들, 진상 규명을 외치는 외로운 세월호 희생자 가족들, 뒤에서 웃음 짓고 있는 권력들. 몇 장을 채 넘기지 못하고 덮어버렸다. 너무 아파서 눈물이 나올 것 같았고 그보다 앞서 짜증이 튀어나왔다. 왜 세상이 이 지경일까. 왜 이렇게 아픈 사람들이 많은 걸까. 나는 그냥 폭발하는 물욕을 타고 사지도 않을 물건을 구경하기 위해 인터넷 쇼핑몰을 뒤적이며 시간을 보냈다.

모순 셋.

따뜻한 사람이 좋다. 나 역시 그런 사람이길 소망한다. 누군가에게 위로가 되는 사람이고 싶다. 내게 소중한 사람에게는 더욱. 하지만 실상은 사랑할수록 그 사람을 향한 심술이 늘어난다. 가족이든, 친구든, 연인이든 가까울수록 그들에게 불만이 차곡차곡 쌓여간다. 왜 나를 이해해주지 못하냐고 화를 내면서 정작 나는 상대를 이해하지 못하고, 관계 앞에서 내가 희미해지길 원치 않으면서 상대에겐 '우리'라는 이름 안에 녹아들 것을 강요한다. 사랑한다는 이유로 나에게 구속당하고, 희생당하길 요구한다. 나는 감히 그러지 못하면서.

내 안의 수많은 모순 앞에서 나는 고개를 숙인다. 이것들이 앞으로도 꽤 오랫동안 나와 함께할 것만 같은 불안감이 엄습한다. 상반된 것들이 뒤엉켜 나를 복잡하게 옭아맨다. 언제쯤 나는 자유로워질 수 있을까.

비합리적 선택을 향한 응원

 경제학을 그다지 좋아하지 않는다. 숫자와 그래프에 거부 반응을 일으키는 유전자가 사실상 첫째 이유겠지만, 표면적으로 가장 큰 이유는 인간은 합리적 존재라는 기본 전제에 동의할 수 없기 때문이다.

 경제학 주류 이론에 의하면 인간은 자신이 얻을 효용과 지불할 비용을 고려하여 합리적인 선택을 한다. 하지만 지금까지 살면서 내가 해온 수많은 선택 중에 과연 합리적 선택은 몇 번이나 될까. 물론 선택의 순간 앞에서 나는 늘 머리를 굴린다. 이해득실을 계산하기 위해. 대부분 내가 가진 자원은 매우 보잘것없었고, 나의 욕망은 그것을 뛰어넘을 만큼 컸기에, 최대효용 최소비용을 만족하는 선택을 하는 게 여간 힘든 것이 아니었다. 그래서인지 나의 최종 선택은 대부분 합리적 이성의 결과를 따르지 않았다. 가령, 물건을 살 때 예산 내에서 최대 효용을 얻기 위해 여러 가지 아이템 중에 살 수 있는 단 하나의 품목을 선정하느라 몇 날 며칠을 고민하지만 결국 감정적 이끌림에 의해 순간 훅 질러버릴 때가 허다하다. 경제활동 이외의 수많은 선택의 순간 앞에서도 마찬가지였다. 어학연수를 떠날 때도, 진로를 변경할 때도 앞에 놓인 선택지가 주는 이익과 손해를 따지기보다는 신의 계시, 운명적 선택 따위의 단어로 대치될 수 있는 그 무언가에 이끌리듯-충동적이란 말이 가장 어울릴지도 모르지만- 선택을 했다.

　나는 이미 알고 있었다. 그 만남을 선택할 때부터 아니, 고민하기 시작한 그 순간부터 훗날 내가 많이 아프게 될 거라는 걸. 어쩌면 그 두려움이 오히려 선택을 하고 난 후에 찾아왔던 짧은 행복마저 조금씩 갉아먹었는지도 모른다. 하지만 나는 다시 그 순간으로 돌아간다고 하더라도 똑같은 선택을 할 것이다. 아무것도 경험하지 못한 평온한 삶보다는 일상적인 생활이 힘들 만큼 아픔을 겪더라도 미친 듯이 행복한 감정을 느껴보는 게 더 좋으니까. 어차피 위대한 사랑도, 뛰어난 발명도, 획기적인 혁명도 모두 평범하지 않은 일탈에서 시작되기 마련이니까. 위대한 주인공이 되겠다고 덤빈 건 아니지만 그래도 꿈을 꾸는 동안은 적어도 행복했으니까. 뭐 그런 게 인생일 테니까.

그래서 그랬나보다. 노랫소리에 눈물이 왈칵 쏟아진 건. 언젠가 너로 인해 많이 울게 될 거라는 걸, 지금 이 순간, 그냥 안다고 읊조리는 목소리에 눈물샘이 터졌다.

'너'가 사랑하는 연인이든, 꿈꾸는 일이든, 노

래 가사에서처럼 반려 동물이든, 언젠가 '너'로 인해 아플 걸 알면서도 '너'와 함께하고자 했던, 하고자 하는, 하고자 할 모든 이들에게 응원의 박수를, 무모함에 뛰어들었던 과거의 나에게 격려의 손길을, 그리고 나와 함께 기꺼이 어려운 선택을 함께해준 사람에게 감사의 마음을 보낸다.

속도와 방향성

두 가지 마음이 부딪친다.

'너무 지쳐. 주변의 모든 자극, 전쟁 같은 현실에 눈 감고, 귀를 막아버릴 거야.'

'나 너무 바보가 되어 가는 것 같아. 세상에 관심도 갖고, 책도 좀 읽어야지.'

치열한 싸움에서 승자와 패자는 매일 달라지지만 주로 후자가 이길 때가 많다. 그래서 책을 들었다. 그런데 책을 계속 보고 있자니 줄 사이사이 잡생각이 스몄다.

'이따 밥은 뭘 먹지?' '아, J에게 파일 보내주기로 했는데.' 'R은 잘 있나.' 따위 같은.

겨우 몇 쪽을 다 읽어 내려갔다 싶으면 몇 시간 훌쩍 지난 시간 속에 널브러진 나를 발견하기도 한다. 어릴 때 어떻게 한자리에서 다 읽을 때까지 한 권의 책을 붙잡고 있었나, 그게 내가 맞았나 싶기도 하고, 엄마가 어른이 되면 생각이 많아져서 책 읽기 어렵다고 했던 그 변명이 진실이었음을 깨닫게 되기도 했다.

그렇게 책과 씨름하다 어느 날 문득, 책 내용을 하나하나 곱씹기보다 책 한 권을 빨리 끝내버리려는 나를 발견했다. 처음엔 분명 내가 독서라는 행위를 선택했는데, 어느 순간 책이 나를 질질 끌고 가고 있었다.

'빨리 와. 거기까지 밖에 못 읽었어? 시간이 그렇게 오래 걸려? 바보냐?'

글자 사이사이로 떠다니는 비웃음과 채근에 책을 덮어버렸다. 그리고 생각했다.

'나는 왜 책을 읽으려고 하는 거지?'

독서든, 인생이든 내겐 속도보다 방향성이

중요했다. 아니, 종종 속도에 짓눌렀지만 그럼에도 방향이 더 중요하다고 믿었다. 그러면서도 아주 자주 세상의 속도를 내 안에 들여놓으면서 방향을 잃어버리곤 한다.

    너무 빠르게 달리지 말자. 주변의 사소한 아름다움을 놓치지 말자. 단어의, 어구의, 문장의, 전체 흐름의 깊이를 간과하지 말자. 중요한 건 속도가 아니라 방향성이니까.

    다시 책을 들어야겠다. 천천히, 느긋하게.

서글픈 애매모호

 문득 거리를 지나면서 길가에 서 있는 커다란 나무 한 그루가 눈에 들어왔다. 좀 더 정확히 말하자면 그 나뭇가지 끝에 매달려 있는 나뭇잎이. 쨍한 초록빛을 자랑하는 싱그러움도 아니고, 타오를 듯한 색감을 자랑하는 단풍의 아름다움도 아닌, 푸름의 절정을 지나 또 다른 절정을 향해 조금씩 나아가는 그 중간 어디쯤의 길목에 선 애매모호한 색이 스치는 나뭇잎이.

 어리다고 할 수는 없고, 젊다는 말을 붙이기도 애매한 나이. 스스로 젊다고 생각하고 선배나 지인들 역시 내게 충분히 젊다고 말해주지만, 어느 순간부터 내 최대의 적이 되어버린 가족과 친척들에게 내 나이는 꽉 차다 못해 안쓰러움을 자아내는 나이일 뿐. 꿈을 버리기엔 아까운 나이지만 그렇다고 이상을 좇기엔 무모하고 생각 없어 보이는 나이. 세상이 정해준 인생의 주기와 내가 생각한 삶의 계획 사이에 괴리가 점차 벌어져 나조차 혼란 속에 빠져버리는 나이.

열정의 여름을 지나 풍요로운 가을로 넘어가는 사이, 그 서글픈 애매모호함이 나와 닮아 있기에 나무는 자꾸 시선을 붙잡았다.

단단하게 잘 버텨 꼭 아름답게 물들기를.

친구의 결혼식

"여자는 결혼하면 끝이야. 두고 봐라. 걔한테 연락 안 온다."

10년 만에 연락 온 고등학교 동창에게 받은 청첩장을 들고 집을 나서는 뒤통수에 대고 엄마가 말했다. 엄마의 차가운 말이 그리 틀린 것만은 아니었다. 짧게는 몇 달, 길게는 몇 년 동안 감감무소식이었다가, 혹은 식어버린 관계에 겨우 산소 호흡기를 들이대며 띄엄띄엄 연락만 하다가 불쑥 내 삶에 다시 쑤욱 들어와서는 결혼 소식을 던져놓고 다시 연락 두절인 사람들도 있었으니까. 그때마다 상처를 받은 것도 사실이었다. 게다가 나이 들어 생긴 생채기는 쉬이 아물지 않아, 그 위에 덧난 자국은 더 오래 갔다. 하지만 청첩장 앞에서 과거의 기억들이 스멀스멀 떠올라 결국 결혼식에 가기로 마음먹었다. 그리고 결혼식을 보면서 듬성듬성 떠오른 생각들.

하나, 평소 결혼식에 대한 나의 입장은 매우 부정적인 편이었다.

기계적으로 상품을 찍어내듯 한 웨딩 공장에서 시간별로 진행되는 예식이 마음에 들지 않았고, 대부분 신랑, 신부조차 별 인연이 없는 누군가의 입에서 나오는, 아무도 집중하지 않는 길고 지루하기 짝이 없는 주례며, 본격적인 일장연설에 앞서 신랑, 신부의 화려한 경력-주로 명문대나 소위 말하는 좋은 직장-을 읊어대는 꼴이며, 한 시간도 채 지속되지 않는 그 순간을 위해 들어가는 거품 가득 낀 비용이며, 정작 주인공이 소외된 듯한 그 시간까지. 마음에 드는 구석이 하나도 없었다.

둘, 그럼에도 늘 친구나 친척 등 아는 이의 결혼식이 찡한 이유는 뭘까.

생각해보았다. 과연 살면서 우리가 주인공이 되는 순간이 얼마나 있을까. 탄생의 순간, 부모에게 가장 특별한 존재가 되었을 때, 연애의 순간, 서로에게 가장 소중한 사람이 되고, 둘의 이야기가 세상에 단 하나뿐인 특별한 사랑이 될 때 정도? 딱히 떠오르지 않았다. 그런데 결혼식장에서 모두가 '두 사람'을 바라보고, 뜨겁게 '두 사람'을 축복하는 그 순간에는 '두 사람'이 세상의 주인공이 된 기분이었다. 사람으로부터, 노동으로부터, 사회로부터 늘 소외되는 이 세상에서, 나 하나쯤은 당장 사라져버려도 아무 이상 없을 것만 같은 이 세상에서 오롯이 주인공이 되는 순간이 있다니 조금은 찡해왔다. 물론, 진짜 본인이 느끼기에 그 순간에서 소외되지 않았는지는 알 수 없지만.

셋, 신부 대기실에서 본 친구는 굉장히 긴장

한 모습이었다.

몇 분 동안 옆에서 지켜본 친구는 끊임없이 눈을 깜빡이며 천장으로 시선을 향하다 잠시 영혼이 사라지는 듯 초점 없는 눈빛을 보이기도 했다. 예식이 시작되고 버진 로드에 서 있을 때도 긴장한 모습이 역력했다. 친구의 경직된 온몸 근육이 멀찍이 떨어져 앉은 내게까지 고스란히 전달되었다. 신랑 역시 그래 보였다. 두 사람은 모두의 집중 속에서 바들바들 작은 떨림을 공유하고 있었다. 운명 공동체가 되어 있었다. 발을 맞춰 행진할 때도, 어눌한 떨림과 함께 혼인 서약서를 낭독할 때도, 케이크 커팅을 하고, 어설픈 축가를 들을 때도, 서로의 손을 꼭 잡거나 눈빛을 교환하거나 끊임없이 서로에게 무언가를 속삭였다.

아, 저래서 결혼을 하는구나.

삶 속에서 견딜 수 없는 중압감과 긴장의 순간이 다가올 때마다 저렇게 서로 손을 꼭 맞붙

잡고 지친 마음을 기댈 수 있으니까. 그래서 한 걸음 앞으로 나아갈 수 있는 용기를 얻을 수 있으니까. 인정하고 싶진 않지만 통속적인 건 저마다의 이유, 그것을 넘어서는 힘이 있다. 어쩌면 결혼, 결혼식처럼 가장 통속적인 것이 삶을 이어가는 가장 큰 힘이 될 수도 있겠다는 생각이 처음으로 들었다.

아무쪼록 행복하게 잘 살길.

서글픈 추석

이번 한가위는 취업, 결혼 얘기보다 "힘내라" 한마디를.

실신 직전의 몸을 버스에 겨우 싣고 차창으로 불어오는 바람에 정신을 맡기고 있던 내 눈에 들어온 현수막. 정의당에서 추석을 맞이하여 시내에 내건 글귀였다. 정당에서 저런 문구를 내걸다니. 문장과 내용을 탓하는 것이 아니다. 가장 푸르고 싱싱할 시기인 청년들이 ㄱ때의 특권을 누리지 못하고 가장 절망적인 세대가 되어버렸음을 보여주는 글귀가 안타깝고 서러웠을 뿐.

어릴 때 개천의 용을 꿈꾸던 나는 우리 집안의 유일한 희망이었다. 그만큼 온 가족의 질문 공세를 집중적으로 받는다는 뜻이다. 취업, 결혼 그 어떤 질문도 피해 갈 수 없는 나는 사실 궁금하다. 그 질문을 하는 의도가 무엇인지. 정말 궁금한 것인지, 나의 처참함을 통해 상대적인 안도감을 느끼고 싶은 건지, 그냥 할 말이 없어 안부차 묻는 건지. 이런 나의 심보가 루저의 뒤틀린 심산이라 비난한다면 할 말은 없지만 이렇게 배배 꼬인 마음을 가질 권리라도 주장하고 싶은 심정이다. 하지만 입을 다물 수밖에 없다. 잘 나가는 사람의 의견은 합리적인 제안이나 앞서가는 통찰로 치부하면서 그 반대 지점에 서 있는 사람들의 의견은 그저 변명이나 피해의식으로 평가받기 일쑤니까.

사실 나는 운명 순응론자보단 운명 개척론자 쪽에 가까웠다. 누군가 "할 수 없지."라고 말하면 "하면 되지."라고 받아쳤고, "그건 안 돼."라고 말하면 "안 되면 되게 해야지."라고 말했다. 하지만 이젠 안다. 세상엔 아무리 애쓰고 노력해도 되지 않는 것도 있음을. 그럴 땐 그냥 그것이 운명이었다고 믿고 싶어진다.

그런 운명의 힘을 빌리고 싶었던 올해의 나는, 초저녁부터 슈퍼문을 찾았다. 뒷산 나뭇가지 사이로 보이는 달 조각을 겨우 찾아 소원을 빌려고 진지하게 그 빛과 마주하는 순간, 나는 깨달았다. 내 진짜 소원이 뭔지 나도 잘 모른다는 사실을. 작년엔 진짜 절실히 빌었는데. 결국 그 소원은 이루어지지 않았지만 그럼에도 초월적인 힘에 기대보고자 했던 나의 간절함은 대체 무엇을 향했던 걸까.

취업, 결혼, 출산, 육아. 사람들이 정해 놓은 생애 주기를 적절한 시기에 괜찮은 수준으로 클리어해서 하나도 행복하지 않은 각종 가족 행사와 명절을 그럭저럭 가족애가 흐르는 시간으로 만드는 것? 내가 정한 나만의 방식으로 걸어가되 주변의 말에 흔들리지 않을 소신과 여유를 갖는 것?

　어쩌면 그저 나는 덜 외롭고 싶었는지도 모른다. 그냥 남들과 조금 다른 나를, 남들보다 조금 느린 나를 인정해주는 시선이 필요했던 것일지도 모른단 생각이 들었다.

제습제가 된 기분이야

"널 만나면 힐링이 되는 기분이야."

이 말을 듣는 순간 문득, 제습제가 된 기분이 들었다. 주변의 습기를 쏙 빨아들이면서 정작 자신은 딱딱하게 굳거나 소멸해가는. 사실 비슷한 말을 여러 사람들에게 들은 적이 있다.

'네 팔자가 제일 편해 보인다'는 어이없는 말부터 '항상 웃는 얼굴이라 나까지 기분이 좋아진다'는 약간은 상투적인 말, '네가 입을 열면 빵빵 터진다. 너무 재밌다'는 팬심성 발언, '그런 자신감은 대체 어디서 나오느냐'는 의문형 멘트, '힘들 법도 한데 늘 씩씩하고 밝은 모습에 자신마저 행복하게 만들어서 자꾸 만나고 싶다'는 간질거리는 말까지.

나로 인해 힐링이 되고, 기분이 좋아지고, 웃음이 터지고, 행복해진다는 사람들 앞에서 나는 생각했다. 나의 습기는 어디로 가서 빼야 할까. 일부러 연기를 한 건 아니었기에 그 모습 역시 나의 일부였지만 분명 다른 내 모습도 있으니까. 아니면 발길이 지난 자리마다 쓰레기만 남는 기분이 드는 내게 존재의 가치를 부여해줬으니 감사하는 게 맞는 걸까.

서글픔이 서린 고마움 앞에서 나는, 주변의 눈물을 먹어버렸지만 정작 내가 가장 원했던 옷의 습기는 흡수하지 못하는, 고장 난 제습제가 된 기분이었다.

배신

"그건 네가 단 한 번도 누군가에게 그만큼 마음을 주지 않았기 때문이야."

배신당한 경험을 묻는 질문에 글쎄,라고 답했다는 친구를 보며 말했다. 내 쪽으로 가까이 들이미는 호기심 어린 얼굴을 보며 나는 말을 이었다.

"지나가는 사람이 네 등 뒤에 칼을 꽂았다고 생각해봐 칼에 찔려서 몸이 아프긴 하겠지만 슬프거나 마음이 찢어지진 않겠지. 근데 네가 정말 사랑한 사람이 그랬다면? 칼에 찔린 상처보다 마음이 훨씬 더 아플 거야. 그 충격에 견딜 수 없겠지. 그게 바로 배신이야. 그러니까 배신은 '행위'의 문제가 아니야. '마음'의 문제고 '믿음'의 문제야."

그런 나를 보며 친구가 말했다.

"그러니까 사람 함부로 믿지 말라고. 아무도 믿지 마."

그래, 누구도 함부로 믿지 말기.

십 년 지기가 내게 던진 참으로 서글픈 충고이자 숙제.

사자와 소의 사랑법

 누군가 들려준 사자와 소의 사랑 이야기.

 서로를 지극히 사랑하는 사자와 소가 있었다. 사자는 너무나도 사랑하는 소를 위해 매일 맛있는 고기를 잔뜩 잡아다가 소에게 바쳤다. 피 흘리고 생명이 위협받는 일이었지만 맛있게 먹을 소를 생각하면 전혀 힘들지 않았다. 소 역시 깊이 사랑하는 사자를 위해 맛있는 풀을 산더미만큼 구해 건넸다. 비 오듯 땀을 흘리고 삭신이 쑤실 만큼 일했지만 기뻐할 사자를 생각하면 하나도 괴롭지 않았다. 그렇게 사자 앞에 소의 사랑이, 소 앞에 사자의 사랑이 쌓여 갔다.

서로에게 닿지 못한 채.

헤어지면서 둘은 서로를 향해 원망하듯 말했다. 내가 너를 얼마나 사랑했는데. 내가 얼마나 잘해줬는데. 내가 너한테 어떻게 했는데. 너는 아무것도 몰라. 너는 날 사랑하지 않았어. 나는 너를 얼마나 사랑했는데…

서로를 향해 뾰족하게 내뱉었던 수많은 말의 진짜 의미는 사실 이게 아니었을까.

'나 외로워. 제발 날 좀 이해해 줘. 날 좀 사랑해 줘. 내 방식으로.'

나도 어쩌면 사자였거나 소였을 테지. 꽤 오랜 시간이 지나고 나면 내 마음을 몰라준 상대에 대한 서러움과 원망이 잦아들고 상대를 외롭고 슬프게 한 내 사랑이 아프게 다가온다. 왜 상대의 방식을 몰랐을까? 왜 그 사람을, 그 사람의 마음을 더 세심하게 관찰하지 못했을까? 왜 그에게 괜찮냐고 자주 묻지 않았을까? 왜 사랑이라는 이름으로 포장된 폭력을 그 앞에 수북하게 쌓았을까?

   그럼에도 위로가 되는 사실을 찾는다면, 그건 그 순간에서 멀리 떨어진 뒤에야 보이는 진실이라는 것. 오랜 시간 속에 서툰 행동과 말이 전부 바래도 여전히 단단하게 남아 있는 진심 한 조각이 있다는 것. 그 부스러기가 주는 은은한 온기를 머금고 조용히 웅얼거린다.

   어쨌든 그 시간 속에서 수고했다고.

   사자도, 소도.

책장 정리

　내 방이 싫다. 그곳은 나만의 공간이라는 역할을 내려놓은 지 오래. 내가 주로 사용하고, 내 물건이 대부분임에도 불구하고 누구의 장소라고 명명하기 어려운, 주인을 잃고 정체성도 상실한 장소랄까.

　내 방 물건 중 가장 높은 점유율을 보이는 것은 단연 책이다. 대학 때 쓰던 전공 서적, 임용고사를 준비하면서 보던 수험서, 과목을 바꾸면서 또 한 번 늘어난 수험서, 대학원 진학을 잠깐 준비하면서 사들였던 전공서적, 취업 준비를 위해 사다 놓은 토익책과 각종 수험서, 자격증 취

득을 위해 구비해야 했던 또 다른 종류의 수험서들, 아르바이트를 하면서 필요했던 참고 서적까지. 책장을 보고 있자면 부아가 치밀어 오른다. 내 인생의 축소판 같아서.

대학 시절까지는 쓸데없이 책이 좋았다. 책을 사면 표지 다음 맨 첫 장에 책 구입 날짜와 장소를 적었고, 전공 서적을 사면 내 이름 석 자를 크게 적어두었다. 영원히 내게서 떨어질 일이 없을 것처럼. 내 인생이 이처럼 복잡하게 꼬이고 꼬일 줄 그때는 상상조차 하지 못했다.

온갖 종류의 수험서를 펴보지도, 버리지도 못하는 상황은 지나온 모든 것을 깨끗이 버리지도, 다시 시작하지도 못하는 지금의 내 마음과 같다. 수능이 끝난 후 혹시 모르니 아직 버리지 말라는 엄마의 말을 가볍게 무시한 채 호기롭게 수험서를 다 내버리던 자신감 따윈 사라졌다. 임용고사 준비를 다시 하고 싶은 마음도, 이제 와서 대학원을 다닐 마음도 없지만 이 모든 것을 깨끗하게 정리하지 못한다. 몇 번에 걸쳐 조금씩 버렸지만 마지막 몇 권은 여전히 책장 깊숙이 처박아두고 있다. 불안하기에. 아직도 내 인생에 대한 자신이 없기에. 아무리 발버둥 치고 벗어나려 해도 나를 붙잡는 그 무언가가 있다는 걸 알아버렸기에.

내키지도 않는 지긋지긋한 수험서를 이 나이가 되도록 끼고 있게 될 줄은 정말 몰랐다. 집 안 곳곳 널려 있는 수험서가 내 신경을 건드린다. 잠이 덜 깬 아침에 눈을 떴을 때, 식사를 하고 있을 때, 무언가를 하려고 마음먹고 컴퓨터 앞에 앉았을 때, 쉬려고 커피 한 잔 들고 여유를 부릴 때 언제든 무방비 상태에 있는 내 앞에 나타나 고요한 평정을 무참히 깨뜨린다.

직감적으로 그런 생각이 든다.

이 책장을, 이 혼란스러운 상황을 정리해야 앞으로 나아갈 수 있다고.

그럼에도 익숙한 게으름으로 미적대고 있는

난 앞으로 나아갈 마음이 없는 걸까. 아니면 과감한 선택 뒤에 따르던 실패, 그 이후에 나를 기다릴 미지의 세상이 두려운 걸까. 호흡 곤란 증세를 일으키는 먼지와 견딜 수 없는 갑갑함을 유발하는 책장 정리, 조만간 꼭 해야지. 그리고 앞으로 나아가야지.

평범을 향한 몸부림

평범 예찬

어른이 된다는 건 평범함의 진짜 의미를 알아가는 것.

어릴 때는 평범한 게 싫었다. 남들보다 잘나고 싶었고 누구보다 멋진 삶을 살고 싶었다. 무엇보다 세상을 바꾸고 싶었다. 그러나 사회로부터 어른이란 딱지를 부여받은 지금, 나는 평범하게 사는 꿈을 꾼다. 어쩌다 사범대학에 입학해 졸업 후 임용고사를 준비하면서 시작된 수험생활. 그 해의 TO에 울고 웃고, 1점에 생의 희망과 절망을 넘나들며 모든 욕망과 찬란함이 죽어갔다. 그 반대의 삶을 소망한다. 남들처럼 어딘가에 소속되어 아침 일찍 출근하는 인생을. 하지만 현실 속 나는 한 치 앞을 내다볼 수 없는 미래를 위해 현재를 갉아먹는 수험생활 끝에, 전국 TO가 0명이란 소릴 듣고 뒤늦게 대학원 시험, 어학원, 사립학교 시험을 전전하며 여전히 내일을 알지 못한 채 방황하고 있다. 그리하여 나의 소망은 직장 동료와 상사를 씹어대며 함께 식사를 하고 평일 늦은 저녁이나 주말에 친구들을 만나 사는 얘기를 나누고 휴가를 내어 가끔 여행을 가는, 안정적이고 앞이 내다보이는 인생이다. 주어진 생애 주기에 맞춰 취업을 하고 결혼에 이르며, 때 맞춰 아이를 낳고 직장과 더불어 새로운 가정이란 울타리에 소속되는, 그저 그런 사소한 일에 울고 웃는 삶 말이다.

그런 평범한 삶의 문턱에서 진입금지라는 표지가 나를 향해 비웃고 있는 것만 같다. 나 역시 '너 따위 평범함은 싫어.'라며 애써 당당한 척

해보지만 그 가면엔 영 힘이 묻어나지 않는다. 평범함에 조금 비껴 있는 무리를 향한 '왜?'라는 수많은 질문과 그와 함께 하사받는 주홍글씨에 지쳐간다. 이제 저기쯤 끝이 보인다 생각하고 힘을 내서 달려와 보면 그 끝은 굽어져 있다. 나를 기다리는 건 도착점이 아니라 새로운 길, 그것도 내가 달려왔던 방향과는 전혀 다른 쪽을 향해 굽은 도로다. 때론 길의 틀어진 굴곡을 인지하지 못하고 방향을 바꾸지 못해 벽에 부딪혀 깨지기도 했고, 어느 날은 방향 전환의 필요성을 알고도 방법을 몰라 발을 굴리며 허둥대기도 했다.

  오만하게도 이쯤이면 충분하다고 생각했다. 더 이상의 굽은 길은 없을 것이며 도착지에 꽤 가까이 왔다고 여겼다. 혹 새로운 장애물을 만난다고 해도 지금까지 단련되어 단단해진 내가 능숙하고 여유롭게 지나갈 것이라는 자신감도 생겼다. 허나 아픈 경험이 있다고 해서 아프지 않은 것은 아니었다. 나는 오늘 꽤 아프다. 수많은 이유가 있겠지만 정작 나는 알 수 없는 이유로 '죄송하지만'으로 시작하는 탈락 문구를 마주하는 날엔 세상에 진 기분이다. 반복해서 경험해도 도통 익숙해지지 않는다. 애초에 내가 들어선 길목에 쓰여 있던 진입금지 표시를 보지 못한 채 들어와버린 걸까.

그럼에도 내가 내린 결론은 '인생에 진입금지란 없다'는 것. 이 세상에 태어난 이상 죽는 그날까지 일방통행만 있을 뿐. 더 이상의 후퇴도 좌절도 없다. 다만 천천히 걸어갈 뿐. 사실 별다른 방안도 없지 않은가. 그래서 다짐해본다. 또다시 다 왔다고 생각했던 그곳이 멀게 느껴지고 방향을 바꿔야 하는 순간이 와도 그래서 다른 사람들보다 늦게 도착점에 다다르게 된다고 할지라도 그 누구도, 그 무엇도 원망하지 않겠노라고. 느리다는 게 멍청하다는 걸 의미하는 건 아니니까. 느린 게 꼭 나쁜 건 아니니까. 천천히 더 깊이 배우고 새길 수 있다고도 위로해본다. 솔직히 말하면 달리 방법이 없으니까. 하지만 다행인 사실 한 가지는 세상은커녕 나조차 바꿀 수 없어 늘어만 가는 자기 암시도 하다보면 진심으로 다가오기도 한다는 것. 때론 하찮은 위로가 나를 다시 일으키는 힘이 된다.

    어른이 된 지금, 평범함이 하찮지 않음을 안다. 평범한 일상을 위해 들여야 하는 품도 안다. 하지만 모두가 평범에 편입될 필요는 없단 사실 역시 안다. 나는 사회가 정해놓은 인생의 평균 속도에 조금 뒤처져 있지만 괜찮다. 평범한 건 굉장하지만 그 반대 역시 꽤 멋지니까.

"도대체 몇 살이세요?"

　지원했던 회사의 1차 면접이 있던 날. 오래간만에 조금 다른 하루가 시작되었다. 일찍 일어나 화장을 하고 머리도 손질하고 옷장 깊숙이 넣어둔 정장도 꺼내 입었다. 면접 기회가 도무지 주어지지 않았던 내겐 조금은 설레고, 취업에 대한 마음을 접었던 내겐 조금은 귀찮은 약속이었다.
　점심 식사를 하지 않아 근처 카페에서 간단히 요기를 할까 싶었지만 시간이 늦진 않을까, 옷에 뭘 흘리진 않을까 걱정돼 그냥 면접 장소로 향했다. 음료라도 테이크아웃을 할까 잠시 고민했지만 커피를 들고 올라가는 모습이 혹시나 좋지 않아 보일 것 같아 그만두었다. 지난번 면접에서 떨어진 후 실제 면접 시간뿐 아니라 대기 시간, 면접 이후 퇴실 시간까지 평가에 포함된다는 말이 괜스레 마음에 걸렸던 탓이다.

본사에 도착해서 이름표를 받고 대기실에 앉아 기다렸다. 잠시 화장실에 들렀더니 스타킹 올이 나가 있었다. 이것은 면접이 망할 것이라는 징조인가. 불길한 예감이 스쳤다. 여벌의 스타킹을 챙겼을 때는 멀쩡하더니 왜 하필 빈손으로 온 날 이런 일이 생기는 건지. 근처 편의점에서 스타킹을 사올까 하다가 시간이 촉박해질 것 같아 그만두었다. 어차피 면접관은 남자들일 테니 미세한 건 알아채지 못 할 거야, 라고 스스로를 위로하며.

면접 대기실 뒤편엔 다양한 다과와 음료가 준비되어 있었다. 커피를 마시고 싶었던 나는 자연스레 일회용 카누 봉지를 뜯어 종이컵에 부었다. 그런데 이건 또 웬일. 물이 보이지 않았다. 복도로 나가 열심히 찾아봐도 정수기는 보이지 않았다. 이름표까지 단 마당에 정수기 위치를 물으면 유난스럽게 보이진 않을까. 어쩌면 어리바리해 보일지 모른다는 생각에 커피 가루를 버리려고 했는데 그러기엔 지켜보는 진행요원들의 눈이 너무 많았다. 결국 커피 가루를 부은 종이컵에 오렌지 주스를 붓고 카스타드 하나를 집어 왔다. 생전 처음 접해보는 맛. 오렌지 주스에도 커피 가루는 잘 녹는구나, 생각하며 새로운 맛을 목으로 넘겼다. 아주 조금은 서러워졌다. 아무도 신경 쓰지 않음에도 홀로 스스로를 과하게 모니터링하던 나 때문에.

내 이름이 불렸다. 나보다 어려 보이는 두 명의 여자와 함께 세 명의 남자 면접관 앞에 나란히 앉았다. 우리는 너무 평범해 보이지만 감춰진 잔가시들을 아슬아슬하게 피하기 위해 노력하며 이런저런 질문에 조심스레 답했다. 질문의 분야는 다양했다.

 '우리 회사 모바일 홈페이지의 장단점은 무엇이라고 생각하나?', '지원 부서를 희망하는 이유가 무엇인가?'라는 평범하고 진부한 질문에서부터 '우리 회사 입사를 위해 무엇을 준비했나?', '다른 회사와 동시 합격했을 경우 어느 곳을 갈 것인가?'라는 다소 도전적이지만 아프지 않은 질문을 지나 '전공과 관련 없는 부서를 지원한 이유는?', '졸업한 지 꽤 오래되었는데 졸업하고 무엇을 했나?', '이번에도 회사가 마음에 들지 않으면 그만둘 것인가?', '인생에서 실패한 경험이 많았던 것 같은데 그걸 통해 배운 점은?'이라는 꽤 마음을 상하게는 하는 질문까지.

 전반적으로 면접관은 친절했고 면접 분위기도 나쁘지 않았다. 표면적으로는. 하지만 부드러운 표면 뒤에 숨겨진 본질을 찾기 위해 짧은 시간 동안 머리를 굴려야 했다. 끊임없이 계산기를 두드리는 속내를, 어떻게 비칠지 모를 어색한 미소 뒤로 숨기며 최대한 단어를 고르고 골라 신중하게 내뱉었다. 그리고 나오자마자 면접자 한 명이 뜬금없이 나에게 건넨 한 마디.

"도대체 몇 살이세요?"

본인도 졸업이 늦어서 굉장히 나이가 많다고 생각했는데 면접을 진행하는데 계속 나이 얘기가 나와서 궁금했다는 것이었다. 어딜 가나 늦은 나이라는 꼬리표가 따라 붙은 지 꽤 되었기에 당황스럽진 않았지만 왠지 조금 서글퍼졌다.

나는 오랜 시간 방황했다. 대학 졸업 후 자리를 잡지 못했고 내가 안착해야 할 곳이 어딘지 알 수 없어 여기저기 서성거렸다. 혹자는 이것을 시간 낭비라 표현하고, 혹자는 삶의 경험이라 말한다. 무엇이 맞는지 아직 단정할 수는 없다. 결과를 보지 않았기에. 우리는 흔히 결과로 과정을 평가하니까. 그럼에도 나는 말하고 싶다. 나의 방황은 아름다웠다고. 그 시간 동안 나와 타인에게 진실했고, 진심을 다해 살았다. 그래서 수없이 넘어지고 아팠지만 다시 일어날 수 있었고, 새로운 혹은 더 큰 꿈을 꿀 수 있었다.

하지만 나는 다시 죽어 갔다. 사회가 말하는 미래를 위한 준비, 즉 취업 준비를 하고 그것을 위한 스펙 쌓기를 쫓아가면서. 내 이야기를 해야 하는 자기소개서, 내 생각을 말하는 면접에서도 나를 지워야 했다. 기업이 원하는 인재상을 생각하고, 면접관이 원하는 답변을 골랐다. 그리고 거기에 가장 가까운 내 모습을 찾아 클릭하여 확대시켜나갔다. 그러는 사이 진짜 나를 잃어갔다.

나는 여전히 내가 헷갈린다. 나도 잘 모르는 나에 대해 설명하는 게 가끔은 어렵다. 상품을 잘 알아야 판매를 하는데. 그래야 상품에 대한 소개서를 쓰고 질문에도 답변을 잘할 텐데. 어쩌면 나는 '나'라는 상품에 대해 잘 알지 못해서, 허위 과대광고를 하지 못해서, 인정하고 싶진 않지만 불량 상품이라서 기업의 선택을 받지 못하는 것일지도 모른다. 그럼에도 여전히 믿고 싶다. 인간은 사용가치가 아닌 존재가치라고. 나 역시 그렇다고.

보내지 못한 메시지

언젠가부터 사람들과 대화하는 게 두려워졌다. 그 감정의 시작은 아마 소속을 말할 수 없는 취준생에 머문 시간이 길어진 어느 날부터였을 것이다. 나만의 동굴을 파서 그 속으로 들어간 후 최대한 몸을 움츠려 나를 숨겼다. 혹시 누군가가 굴의 입구를 찾아서 들여다보더라도 나를 찾을 수 없도록. 그리하여 나에게는 보내지 못한 메시지가 무수히 많다. 오래된 친구이거나 문득 그리워지는 지인들, 안부를 전하고 싶은 고마운 사람들을 향한 마음도 잠시 미뤄두었다. 상대가 내 편이라면 초라한 내 모습이 피차 서로에게 상처일 테고, 그 반대의 경우라면 나의 처참함을 상대의 웃음 소재로 만들고 싶진 않았으니까.

조금씩 그 어둠 속에서 나오고자 했던 나는 그리운 이들에게 용기 내어 짧은 인사말을 건넸다. C는 그중 하나였다. 몇 개월간의 짧은 외국 생활 중 나와 가장 친했던 친구. 사실 둘의 대화가 모국어로 이루어졌다면 과연 가까워졌을까 하는 의문이 들 만큼 성향이 달랐지만 미숙한 외국어 능력 덕에 가치관이나 이념 따위를 걷어낸 채 서로에 대한 의존성과 살뜰함, 연민으로만 이어진 관계였다. 어찌 보면 가장 순수한, 어찌 보면 서로의 이해관계에 기대어 존재했던 그런 관계. 하지만 아무리 이해관계가 중요해도 마음이 교류하지 않는다면 관계는 성립할 수 없는 내게 C는 고맙고 소중한 친구였다. 짧은 메시지를 건넸다. 늘 그랬듯 내 수준의 영어로는 나를 둘러싸고 있는 상황과 내 마음을 담아낼 수 없었기에.

"How are you?"

"I'm find and you? Did you get a job?"

"Not yet."

"How come? I don't understand."

음. 글로벌 금융 위기 이후 취업이 어려워졌다고 해야 하나. 하지만 그건 전 세계적인 추세이니 적절한 이유가 아닐 테고. 나이 많은 여자라서 안 된다고 해야 하나. 성별과 나이로 차별이 있을 수 있단 자체를 이해를 못하던데. 그것까지 어떻게 설명하지. 전공이 동떨어져서 안 된다고 해야 하나. 우리 학과 동기들도 막판에 취업에 성공했잖아. 무슨 말을 써야 할까 수많은 말을 고르고 골랐지만 마땅한 말을 찾을 수 없었다. 전부 공허한 변명에 불과했다. 결국 모든 것은 내가 못난 탓이었다. 차마 그렇게 대답을 할 수가 없어서 아무 말도 하지 않은 채로 손에서 핸드폰을 놓았다.

대부분 문제의 원인을 개인에게 돌리는 것에 반대한다. 인간은 홀로 존재할 수 없듯이 어떤 문제든 개인을 둘러싸고 있는 환경의 영향을 받기 마련이기 때문이다. 하지만 내 문제에 있어서는 예외가 된다. 왠지 내가 방황하는 이유가 이 시대의 현주소이자 시스템의 문제라고 말하는 것은 그저 루저의 변명처럼 들리기에. 그리하여 자꾸 작아진다. 언제쯤 내 문제가 우리의 문제라고 당당히 말할 수 있을까. 그러니 나만 살길을 찾는 게 아니라 우리 함께 생존의 방법을 모색하자고, 언제쯤 용기 있게 나설 수 있을까.

악몽

"제발 한 번만 봐주세요. 제발요."

바닥에 납작 엎드려서 누군가의 다리를 붙잡고 부르짖고 있었다, 내가. 단호한 얼굴을 한 다리의 주인이 절망의 그늘에 휩싸인 나를 보고 뭐라 뭐라 말을 한다. 무슨 말인지 정확히 알 수 없다. 다만 그 남자는 차가웠고 내겐 더 이상의 기회가 없다는 것을 '느꼈'을 뿐. 내 이성은 이미 마비되어 있었다.

몇 시간 전, 나는 면접 장소에 일찍 도착해 있었고 면접 지원자들은 거의 보이지 않았다. 그때 선발이라는 시스템에 놓인 경쟁자이자 같은 감정을 공유하고 있는 동지 한 명과 눈이 마주쳤다. 우리는 몇 마디 의미 없는 말을 주고받았고 그런 공허한 말로도 나는 이유 모를 위안을 받았다. 시간이 조금 흐른 뒤 진행 요원의 안내가 있었고 나는 가방을 찾기 시작했다. 물건을 가지러 간 사이 면접은 이미 진행되었고, 운 없게도 나는 첫 번째 그룹에 속해 있었다. 뒤늦게 짐을 찾아 진행요원에게 간 나는 이 모든 사실을 듣게 되었다. 자초지종을 설명했지만 내 설명을 변명이라고 규정해버린 그 사람은 내게 제대로 설명할 틈조차 허락하지 않았다. 시간 약속을 지키지 않는 불성실하고 무책임한 인간은 면접 자격조차 없다는 말만 되풀이할 뿐. 심장에 바윗덩어리가 떨어지고 뒤통수에 쇳덩이가 날아온 듯 심장과 머리가 모두 멈췄다.

    초점 없는 시선을 허공에 던지던 순간, 저만치 본인의 면접 순서를 기다리고 있는, 나와 헛헛한 대화를 나누었던 아이가 눈에 들어왔다.

저 사람이 내가 일찍 왔음을 증명해줄 것이라고 사정했지만 그 아이는 나를 외면했다. 두 사람의 차가운 시선이 나를 사정없이 할퀴고 지나갔다. 상처에 몸부림치는 짐승처럼 나는 이성을 잃고 엎드려 진행요원의 다리를 잡고 사정했다. 어디서 나타났는지 친구들이 그런 나를 붙잡아 일으켰다. 안쓰럽고 측은한 눈길로. 누군가의 동정 어린 시선을 극도로 싫어하는 나지만 그 눈빛이 상처에 따뜻하게 스며들었다. 친구들 무리에 몸을 맡기고 걷는 동안 장소는 홍대 어딘가로 바뀌었다. 그리고 나는 눈을 떴다.

그 꿈을 꾼 시점이 밤인지, 아니면 아침에 눈을 뜨고 물을 마신 뒤 다시 잠들었을 때인지 모르겠다. 다만 나를 한심하게 바라보던 그 진행요원의 표정과 나에 대한 오해를 풀어줄 것으로 믿었던 그 아이의 외면이 기억날 뿐. 요즘 나를 괴롭히던 이유 모를 통증의 원인이 바로 내 안에 있는 악몽이었나 보다. 인생에서 경험했던 실패의 99.9%가 집중된 이 길목을 지나치면서 느꼈던 자괴감과 무기력, 스스로를 향한 부정적인 시선. 그 모든 것을 타인에게 투영시켜 고통의 수치를 몇 배로 늘리는 자학 능력, 감정의 스펙트럼을 분노, 좌절, 무력감에서 수치심, 죄책감으로 다양화시켜나가는 능력이 키워낸 악몽.

꿈속에서 내가 택한 방법은 잘못됐다. 이 상황을 벗어나기 위해 누군가에게 매달리고 사정해서는 안 되니까. 지금 수면 아래서 미친 듯이 발을 움직이고 있는 나는 여전히 앞으로 나아가지 못하고 제자리를 빙빙 돌 뿐이다. 어지럽고 두렵다. 하지만 그렇다고 해서 동동거림을 멈추면 수면 아래로 가라앉게 될지도 모른다. 계속 구르다 보면 앞으로 나아갈 때도 오겠지. 지금 슬슬 빙빙 도는 것을 멈추고 한 방향을 바라보기 위해 노력 중이니까. 그리고 내가 죽도록 피하고 싶지만 또 미치도록 그리워하는, 안타까운 시선을 던지며 나를 부축해줄 누군가가 있으니까. 그리하여 오늘도 내가 할 수 있는 마지막 선택은 있는 힘을 간신히 다 끌어 모아 파이팅을 외치는 것. 나와 같은 오늘을 살고 있는 누군가에게도 있는 힘을 다해 외쳐본다.

    파이팅!

불면의 밤

 숙면보다 불면이 익숙한 밤. 설핏 든 잠에서 깨면 직전까지 내가 존재했던 꿈속 시공간이 나를 덮쳐온다. 어젯밤도 그랬다. 서너 번 정도 잠에서 깼고 그때마다 꿈에서 마주했던 그들이 선명하게 떠올랐다. 그때의 마음도. 밤이 지나도 하루 종일, 틈틈이, 그 장면이 불쑥 튀어 올랐다. 이상했다. 나는 왜 그들에게 미안하다고 말했을까. 그렇게 슬픈 표정으로.

 그들을 원망한다고 생각했다. 그런데 그저 서운한 마음이었을까? 사실 내가 가장 하고 싶었던 말은 따로 있었을지도 모른다는 생각이 들었다. 미안하다는 말. 미워해서, 원망해서, 조금 안 행복하길 바라서, 나를 떠올리며 오랫동안 불편하길 빌어서 미안하다고.

실은 용서하고 싶었다. 내겐 용서가 필요했다. 내 뒤통수를 치고 달아난 사람들을 용서하고 싶었다. 그들을 붙잡고 분노에 사로잡혀 시간과 에너지를 태우기보다 삶에서 그 이름을 깨끗하게 지워내고 싶었다. 오랜 시간 나를 힘들게 하는 감정으로부터 자유로워지고 싶기에. 무엇보다 멍청하게 여기저기 치이고 다닌 나를 용서하고 싶다. 내 마음속 시간, 기억 조각들, 그 안에 존재하는 나를 예쁘게 남겨두고 싶다. 나를 위해 용서가 필요하다.

그리하여 까만 어둠 속에서 눈을 깜박이며 다짐한다. 세상의 부정의는 쉽게 잊지 않고 끊임없이 분노하되 개인적인 상처와 아픔은 빨리 직면하고 용서하기로. 마음껏 자유로워지기로.

'혹시나'와 '역시나' 사이

　이별의 시간을 건널 때마다 내게 수시로 얼굴을 내미는 단어가 '혹시나'이다. 그리고 그 혹시나 뒤에 따라붙는 것은 늘 긍정적인 상황에 대한 가정이었다.

　혹시나 그 사람이 다시 연락을 하진 않을까. 혹시나 우연히 마주치진 않을까. 혹시나 날 잊지 못하고 후회하는 건 아닐까.

　아무리 끝이라고 공식적으로 선언하고 스스로에게도 'No!'라고 수십 번을 외쳐도 혹시나 하는 마음을 지우지 못하고 보잘것없이 가벼운 가능성에 희망을 건다. 나를 둘러싸고 있는 모든 상황이 논리적으로 아니라고 말한다 할지라도.

어떤 회사를 지원하고 시험을 보고 결과를 기다리는 과정도 그와 유사하다. 아무리 마음을 비워내고 쿨한 척 애써 보아도 어느새 슬그머니 고개를 내미는 혹시나 하는 마음. 특히 전형 단계가 올라갈수록 그 기대치는 더 높아진다. 그래서 지난 사랑에 미련을 버리지 못하고 발을 동동 굴리는 미련스러움처럼 이미 지나간 시간에 대한 미련과 헛된 기대로 삶은 앞으로 나아가질 못한다. 제자리를 맴돌 뿐이다. 확실한 결과를 마주하고 새로운 출발을 하고 싶은 마음과 낮은 가능성일지라도 붙잡고 싶은 희망 고문의 마음이 하루 종일 부딪힌다. 하지만 두 마음이 다툰들 무슨 소용이 있을까.

내 마음속 모든 전쟁의 심판자는 시간이다. 미치도록 기다릴 땐 더디게 오고 외면하고 싶을 땐 어김없이 오는 그 순간은 느리지만 매우 성실하게 내게 오고 있다. 그리하여 결국 결과를 알게 될 것이고 결과가 나를 아프게 하든, 기쁘게 하든 그 감정들은 시간이 흐르며 사라질 것이다. 내 안으로. 그 마음은 시간 속에서 더 단단해져서 나를 한 뼘 더 자라게 할 것임을 믿는다. 지금껏 그러했듯이. 혹시나가 역시나가 된다 할지라도.

여주인공 놀이

　엄청난 히트를 친 드라마 속 여주인공은 하늘을 날던 대스타에서 갑자기 추락한다. 모두에게 외면당하면서 CF도 까이고, 드라마에서도 까이고, 미용실에서도 까이고, 화보도 까인다. 하지만 그녀는 더욱더 큰 소리로 외친다.
　내.가.까.는.거.야.
　이 회사에서 까이고 저 회사에서 까이고 심지어 그다지 끌리지 않았던 현실에 떠밀려 지원했던 곳에서까지 까인 나는, 여전히 감감무소식으로 애간장을 태우는 그 어딘가의 연락을 기다리면서 애써 담담하게 말한다.

나.도.안.갈.거.야.

야속하게 쨍쨍한 하늘과 성질을 더욱 뾰족하게 만드는 더위 속을 걸으면서 친구와 나는 씩씩한 여주인공 놀이를 한다.

"사실 나도 거기 싫었어."

"맞아. 거기 별로야."

"아니 인사과에서 그렇게 인재 보는 눈이 없어서 어떡해?"

"그니까. 거기 완전 후회하게 될 거야."

까르르. 잠시 우리가 처음 만났던 열일곱 그 시절 하굣길을 걷는 여고생이 되어 크게 웃어보았다. 행복해서 웃는 게 아니라 웃으면 행복해진다는 흔해 빠진 그 말을 믿으며. 눈을 돌릴 때마다 내가 지원했던 회사의 로고가 보이고, 그 회사의 제품이 신경을 건드리지만 단호하고 당당했던 여주인공의 표정과 태도를 곱씹어본다. 그런 여주인공에게 건넸던 '잘못이 있을 때만 숨어. 아무 때나 숨지 말고.'라는 남자 주인공의 말을 가슴에 꾹꾹 눌러 새기며.
 꽁꽁 숨는 것보다 숨지 않는 일이 더 어려운 일임을 새삼 깨닫는다.

"요즘 뭐해?"

"세상에서 그 질문이 제일 싫어!"

동창으로부터 '결혼했냐'는 질문을 들었다는 내 말에 친구가 소리쳤다. 하지만 요즘 내가 가장 싫어하는 질문은 따로 있다.

"요즘 뭐해?"

이 네 음절이 내 앞에 툭 던져지면 나는 서서히 머리를 굴린다. 뭐라고 대답해야 할까?

'나는 작년부터 급격히 허약해진 몸뚱이를 위해 아주 가끔이지만 운동을 하려고 노력 중이고, 불어 가는 체중을 조절하기 위해 음식도 꽤 신경 쓰려 애쓸 뿐 아니라 잘 보지 않던 영화를

열심히 보고 있으며 스트레스가 가득 차 아무것도 할 수 없을 즈음 여행을 가기도 해.'

아니면

'취업 준비를 때려치우고 비정규직으로 근근이 먹고살아.'

그것도 아니면

'그냥 이것저것. 하고 싶은 것도 하고 돈 되는 건 다 하면서.'

뭐 하나 틀린 말은 없지만 구구절절한 설명도, 구체적이고 사실적인 단어도 다 지우고 심플하게 정리된 말들 중에 하나를 골라 최대한 쿨한 표정과 말투로 가볍게 던진다.

"너 참 예의가 없구나." 혹은 "그냥 놀아." 그것도 아니면 "그냥 지내."

내 인생의 고민, 계획, 기나긴 생각을 털어놓을 여력도, 그들을 이해시킬 힘도 없기에. 웃음기 가득한 내 대답을 받은 상대방 역시 대부분 허허허 웃음을 내보인다. 나를 향한 밝은 표정. 내가 그들에게 원하는 건 그뿐이다. 동정과 근심이 쏙 빠진 그저 웃음. 그것 뒤에 숨겨진 것이 허탈과 어이없음일지라도.

드라마 <연애시대>를 보면 이런 말이 나온다. 연애는 어른들의 장래희망이라고. 더 이상 미래를 꿈꾸지 않고, 가슴 설레는 일이 없을 때 어른들은 연애를 한다고.

나는 지금, 연애보다 더 가슴 설레는 미래를 꿈꾼다. 나를 두근거리게 하는, 내가 살아 있음을 느끼게 하는 삶을 꿈꾸고, 그것이 이루어질 날을 상상하며 미소 짓는다. 이 나이면 이미 안정된 직장을 잡고, 결혼을 해야 한다고 세상은 나를 매 순간 흔들어대지만 그것들이 없이도 내 가슴을 뛰게 하는 무언가가 있음이 그 시달림으로부터 얻는 피로를 덜어준다. 연애를 할 때처럼 상대가 손에 닿지 않을까 두렵고, 행복한 상상이 깨져버릴까 무섭지만 그래도 계속 가보고 싶은 나는, 어릴 때나 꿈꾸는 그런 장래희망을 철들지 않은 서른 해에 또다시 꺼내본다. 언젠가는 나의 근황을 묻는 누군가에게 좀 더 당당히 대답할 수 있길 바라며.

  나는 아직 꿈꾸는 중이라고.

"미안. 재미없지?"

돌이켜 보면 대학 시절 내내 나는 매우 바빴다. 작은 학생수첩 속 스케줄러는 빈칸이 없을 정도로 가득 차 있었다. 이리 뛰고 저리 뛰는 동안 학점을 쟁취한 것도, 운명의 상대를 만난 것도, 진리 탐구의 기쁨을 얻은 것도 아니었다. 그래도 그 시절이 즐겁게 기억이 되었던 건 순전히 사람 때문이었다. 동기, 선배, 후배, 스쳐 지난 인연들이 별것 없는 그 시간을 풍요롭고 의미 있게 만들어주었다. 대부분은 연락이 끊겼지만 몇몇은 여전히 만날 때마다 따스함을 건네는 존재였다. 그런 동기들에게 연락이 바쁘게 오기 시작했다. 뒤늦은 취업 후 결혼의 문턱에 다다르게 된 것이었다.

  처음 연락을 받았을 때는 설렘이 스멀스멀 피어올라 몸 한구석을 찌릿찌릿 만들었다. 고등학생 티를 아직 벗어던지지 못한 앳된 얼굴로 만났던 동기들. 낯선 공기를 사이에 두고 서로를 조심스럽게 바라봤고, 술잔을 기울이며 밤새 목청껏 쓸데없는 게임에 목숨을 걸기도 했으며, 철없이 웃으며 청춘의 쓰라린 시간을 함께 뒹굴었던 존재를 만난다는 생각에 마음이 일렁였다. 무엇보다 반가웠다. 졸업 후 연락 한번 없다가 청첩장을 보냈어도, 오랜만에 만나서 신용 카드 신청서를 들이밀어도 전혀 거리낌이 없었다. 이럴 때 쓰라고 동기가 있는 거지. 기꺼이 시간을 내어주고, 에너지를 넘겨줬다. 그런데 첫 테이프 이후 같은 상황이 반복될 때마다 나는 점점 그들에게서 멀어지고 있었다. 비슷한 시기에 취업을 하고 결혼을 하면서 자연스럽게 청첩장을 주고, 결혼식에서 만나는 수순이 도돌이표처럼 이어졌다. 다른 아이들은 당연하게 그 현상을 받아들이고 오히려 더 끈끈해지는 동안 나는 그들끼리 단단하게 묶인 감정의 실타래에서 뚝 끊어져 저 멀리 내동댕이쳐진 기분이었다.

그래서였을까. 동기 하나가 청첩장을 돌리는 겸 룸을 하나 빌려 다 같이 모이자는 제안을 했을 때 마음이 내키지 않았다. 무슨 핑계로 빠질까 머리를 굴리고 있을 때쯤 내 마음을 읽었는지 친구 하나가 그냥 내 얘기를 해도 다들 공감해줄 테니까 신경 쓰지 말고 오라고 따로 연락을 했다. 그래서 결심했다. 가기로.

뒤늦게 도착해 문을 열 때부터 주눅이 들었다. 회사원인 그들의 차림에 비해 그 어떤 조직에도 속하지 못한 나의 캐주얼한 모습이 과거에 머물러 있는 것만 같아서. 어색한 인사를 주고받은 뒤 그들의 이야기에 어정쩡하게 발을 담갔다. 아니, 그러기 위해 발끝에 온 신경을 쏟아

톡톡, 그들만의 성벽을 건드리고 있었다.

"너네 정평은 어떻게 했어?"

누군가의 질문에 정평? 그게 뭐지,라고 생각하는 찰나, 이미 다른 이들의 대답이 쏟아졌고, 누군가는 핸드폰으로 자료를 보여주기도 했다. 우르르 핸드폰 화면으로 시선이 몰리는 사이 나는 혼자 이러지도 저러지도 못한 채 이야기에 담그려던 발을 거두었다.

"너 결혼식은 어디서 해?"

"웨딩 촬영은?"

"아, 나도 거기 알아봤었는데."

두 번째 화제로 넘어갈 때도 다른 사람들은 쉽게 안착을 했다. 오히려 이곳에서 서로의 경험을 공유하며 각자 미처 닿지 못했던 정보를 얻어가고 있었다. 그리고 다시 직상에서의 고충으로. 또 다시 출산과 노산으로. 직장과 결혼이라는 두 가지 커다란 기둥을 오가며 그 안에 존재하는 무수한 소주제를 너무도 자연스럽고 다양하게 핑퐁거리고 있었다. 그 어떤 화제에도 끼지 못하고 서성이던 내게 한 친구가 말했다.

"미안. 재미없지?"

그랬다. 난 그들과 함께 하는 동안 단 한 순간도 재미를 느끼지 못했다. 물론 동기들 중 친한 사람 한 명과 일대일로 만났을 때는 이야기가 달라진다. 각자의 경험을 나누고 그 사이사이에 느낀 감정을 공유하는 자체가 즐겁다. 무엇보다 함께했던 시간 덕에 나는 친구의 행동 패턴과 마음을 쉽게 따라갈 수 있고, 팔은 안쪽으로 굽는다는 그 저명한 진리 덕에 무조건 그 친구의 편이 되어 감정적 지지를 해줄 수도 있다. 하지만 모임은 다르다. 대다수가 공유하는 경험에서 소외된다는 건 무척 슬프다. 그 어떤 이야기에도 쉽게 공감할 수 없다. 다른 사람들이 격렬하게 동의를 표할수록 나의 소외감은 커져갈 뿐. 그렇다고 이미 그들에게 과거가 되어버린 나의 아르바이트나 취업 준비에 관한 이야기를 늘어놓고 싶진 않고, 별로 친하지도 않은 사람들에게까지 내 속내를 드러내 보이고 싶지도 않다. 그래서 나는 점점 더 한쪽 구석으로 움츠러들었다.

   소속 없는 취준생, 비정규직이 슬픈 이유는 객관적인 경제 상황에서만 비롯되는 게 아니다. 주류에서 조금 비켜나 있다는 것은 그만큼 다른 사람들과 거리가 점점 벌어진다는 것을 의미한다. 그 간격이 내 삶을 쓸쓸하게 만든다. 가령, 친구가 빨간 날을 기다릴 때, 난 그럴 수 없다. 일한 만큼만 돈을 받으니까. 주말에 여행을 가자는 친구에게 쉽사리 답을 할 수 없다. 조금이라도 값싼 평일에 가는 걸 선호하니까. 몇몇이 모여 해외여행을 추진하자는 동기에게 긍정의 대답을 할 수도 없다. 가난하니까. 남들에게 당연한 게 내겐 당연하지 않다는 것, 남들에게 재미있는 것이 내겐 도무지 재미가 없다는 것. 그 사실이 참으로 서글픈 하루였다.

공포의 가족 모임

이모부의 환갑잔치.

환갑에 대한 감동이 사라진 지 오래지만 전해 내려오는 풍습의 힘은 큰지라 환갑을 기념하는 일을 건너뛰기 힘들다. 그리하여 적정선에서 타협을 본 것이 환갑을 기념하는 가까운 친척 간의 단란한 식사 한 끼. 슬픈 사실은 그 단란함이 참석자 모두가 느끼는 감정은 아니라는 것이다. 특히 나처럼 대다수가 걸어가는 인생의 행보에서 멀찍이 떨어져 있는 부류에겐. 이미 그 서글픈 사실을 예감했지만 물리적 거리상 가깝게 지내온 친척의 환갑이기 때문에 참석하기로 했다. 하지만 그 공간으로 발을 디디는 순간 내 판단이 잘못되었음을 직감했다.

이모가 나를 반겨주셨다. 아무런 악의 없이 환한 미소와 함께 말씀하셨다.

"너도 얼른 시집가서 저런 손자 손녀 엄마한테 안겨줘야지. 언제 갈 거야?"

나의 첫 번째 대응은 그저 미소.

"……(방긋 방긋)"

구석에 앉아 계시는, 이모부의 어머니께도 인사를 드렸다.

"아이고, 길에서 보면 몰라보겠네. 그래서 시집은 언제 갈 거야?"

평소에 내게 결혼 얘기를 꺼내신 적 없으셨던 외할머니께서도 살포시 한 마디 얹으셨다.

"남자 있으면 그냥 빨리 가!"

두 번째 대응은 대충 둘러대기.

"하하. 때 되면 가겠죠 뭐."

이모부의 여동생 분도 반갑게 맞이해주셨다.

"어머~ 몰라보게 예뻐졌네. 연애 하나보다. 그치? 언제 소개해줄 거야?"

세 번째 대응은 능청 떨기.

"에이~ 언제는 안 예뻤나요? 하하."

"아니 그런 뜻이 아니라 연애하는 것 같다 이거지. 얼굴이 핀 거 보니까. 빨리 보여줘 봐."

"결혼할 남자 아니면 소개해드리지 않습니다. 기다려보세요."

이미 식사 전에 힘이 빠진 나는, 구석으로 기어가 할머니들 앞에 자리 잡았다. 바삐 고기를 굽고 자르며 노동과 알찬 먹방에만 온 힘을 집중했다. 부디 내 존재가 잊히길 바라며. 바람과 달리 식사를 마치고 이모부의 처남 분이 또 내게 물으셨다.

"대체 시집은 언제 갈 거야? 그냥 눈먼 사람을 데려오면 되잖아."

은근히 부아가 치밀어 오르는 나는 가볍게 입을 떼기 시작했다.

"저한테 눈먼 사람은 많은데 절 눈멀게 하는 사람이 없네요."

"쓸데없이 눈이 높구먼. 눈을 낮춰."

옆에서 한마디 거드시는 이모부.

"그냥 아무나랑 해도 똑같아. 다 아빠 아니면 이모부 같은 남자야."

빨리 대화를 끝내고 싶어서 미소와 함께 한마디를 날렸다.

"어휴~ 그럼 안 하는 게 낫겠네요!"

내 인생엔 내 나름의 계획이 있다. 아직 그 플랜에 '결혼'이란 단어가 존재하지 않을 뿐. 부디 당신들의 잣대에 나를 넣고 재단하지 않기를. 나를 걱정하는 말이라 변명도 마시길. 그런 염려가 나를 더 고달프게 하니까. 나는 당신과 조금 다를 뿐, 이상한 사람이 아니란 사실을 잊지 말아주세요.

미처 하지 못한 말

사촌 동생의 결혼식. 그곳에서 하루 종일 많은 말을 들었다. 그간 무수히 반복되는 말이 스쳐 지날 때마다 연약했던 마음에 딱딱한 굳은살이 생겼기에 더 이상 아프지는 않았다. 다만, 예의 없는 그들의 태도에 조금은 화가 났고 꽤 지쳐갔다. 매 순간마다 하나하나 반박하고 싶었지만 안쓰러운 노처녀에서 성질 더러운 노처녀가 되지 않기 위해 튀어나오려는 말을 삼키고 또 삼켰다.

"순서가 바뀌어서 어떡하니. 네가 제일 늦게 가게 생겼다."

'태어난 순서대로 죽는 것도, 나이순대로 철드는 것도 아닌데 왜 당신들 삶의 주기에선 유독 순서가 그리도 중요한가요?'

"빨리 시집가서 효도해야지."
'나는 불효가 체질인지라 내가 하고 싶은 대로 살고, 나 행복하게 사는 게 목표입니다.'

"나이 서른이면 그나마 골라서 갈 수 있을 때야. 앞으론 고를 수도 없어."
'결혼이 무슨 쇼핑입니까? 고르고 말고 하게?!'

"이렇게 예쁜데 왜 시집을 못 갔어?"
'못 간 게 아니라 안 간 거니까요. 그런데 그 말씀의 의도는 칭찬인가요, 비난인가요?'

"눈이 너무 높은 거 아니야? 아무나랑 해. 다

똑같아."

'평생의 짝을 고르는데 신중한 건 당연한 것 아닌가요? 아니면 그 아무나를 소개해주시던가요.'

"다음에는 네 결혼식에서 보자."
'초대 안 할 겁니다.'

"아무나 자빠뜨려서 그냥 가버려."
'니 딸이나 그렇게 보내라. 개자식아.'

엄마는 내게 물었다. 남의 결혼식을 보면 결혼하고 싶은 마음이 생기지 않느냐고. 나는 대답했다. 결혼식을 가면 갈수록 이런 식의 결혼식은 내키지 않는다고. 엄마는 왜 너는 꼭 남들이 다 하는 것에 문제 제기를 하냐고 나무랐다. 그저 남들이 하는 대로 하는 것이 순리이고 편한 길이라며.

신부는 아름답고 커플 뒤 배경도 아늑했지만 왠지 주인공은 신랑, 신부가 아닌 것만 같은 결혼식에 도무지 마음이 가질 않았다. 예식 관계자가 지시하는 대로 움직이고, 혹여 눈물이라도 흘리면 누군가가 옆에서 바로 눈물을 닦아주고 화장을 고쳐주는, 잘 알지도 못하는 이들이 한 가득하고, 결혼식 자체보다는 축의금 전달과 식사에 더 관심을 갖는 이들의 영혼 없는 박수 세례를 받는 결혼식에 익숙해지지 않았다.

다수가 선택하는 방식이 틀렸다는 것은 아니다. 다만 내가 원치 않는 방법일 뿐. 미래의 나 역시 남들이 하는 방식대로 결혼식을 올리게 될지도 모르고, 수많은 이들의 걱정대로 영원히 못하게 될지도 모르지만 여전히 나는 꿈꾼다. 나만의 방식을.

엄마의 친목회

친목회.
친목을 도모하기 위한 모임.

친목.
서로 친하여 화목함.

화목.
서로 뜻이 맞고 정다움.

결국 친목회란 서로 친하여 뜻을 맞추며 정다움을 도모하기 위한 모임이다. 하지만 나는 엄마가 친하여 뜻이 맞는 사람들과 정다움을 도모하고 집으로 돌아온 날마다 마음을 졸인다. 엄마와 친한 분들은 엄마에게 나의 소속과 혼인 여부, 그에 관한 계획을 섬세하고 꼼꼼하게 묻는 걸 좋아하시기 때문이다. 그것이 엄마들의 정다움 도모를 위한 필수조건이기에.

엄마가 돌아오기 전부터 나는 고민에 빠진다. 아예 엄마를 외면하고 방에 들어가 있을 것인가, 엄마의 감정을 받아내기 위해 옆에서 이야기를 들어줄 것인가. 모든 것을 회피하고 싶은 나약함과 내게서 비롯된 사태에 대한 책임감이 계속 부딪치는 사이, 엄마는 어느새 현관을 지나 집 안으로 들어와 있었다. 엄마는 그들의 말에 본인의 마음을 얹어 나에게 이야기를 툭툭 던진다. 나는 아무렇지 않은 듯 엄마가 던진 돌에 맞고 실없는 웃음을 지어 보인다. 그 돌덩이의 무게는 내가 견뎌내야 할 몫임을 잘 알기에. 다른 사람들이 다정히 모여 친목을 도모하는 동안 자존심을 구기며 설움 섞인 음식물을 씹어 넘겼을 엄마의 마음을 알기에.

가끔은 이 모든 상황의 원인이 나의 외부에 있었으면 좋겠다. 나의 분노를, 절망을, 짜증을 누군가에게 혹은 무엇에 분출해버릴 수 있으니. 허나 이 모든 원인은 내게 있음을 잘 알기에 쓰고 매운 감정을 삼킬 수밖에 없다. 가끔은 내가 삼킨 감정들이 나를 잠식해 나란 존재의 주체는 엉킨 감정이 되어버린다. 시간이 지나 그 감정이 빠져나간 자리는 무기력만 남는다.

한때는 친목을 도모하기 위한 그 자리에서 가장 빛났을 엄마가 더 이상 그 누구와도 정다울 수 없음을 생각하니 가슴이 미어진다. 그게 나 때문이라는 현실에 더욱 비참하다. 자식을 통해 부모가 대리 만족을 하는 것도, 자식이 부모의 기대와 인정을 위해 노력하는 것도 그다지 건강한 상태가 아니란 걸 잘 안다. 하지만 그러한 지식보단 긴 시간 나를 기다리는 그 마음에 대한 죄스러움이 앞서기에 한 번 더 아프고 또 두 번 더 고민하게 된다. 나는 어디로 가야 할 것인가.

비통한 고요가 흐르는 밤, 큰 소리로 울 자격조차 박탈당한 영혼은 숨죽여 울 뿐이다. 오늘보다 조금 더 나은 내일을 간절히 바라며.

어버이날의 감상

"난 진짜 나쁜 년인가봐."

어버이날을 맞이하여 은행에서 현금을 인출하고 케이크를 사서 집으로 향하는 길에 친구에게 문득 던진 말이었다. 의무적으로 부모님을 위한 선물을 준비했지만 뭔가 빠진 것만 같은 기분이 들어서. '엄마, 아빠 사랑해요.'라든가 '낳아주고 키워주셔서 감사드려요.' 혹은 '속 썩여 죄송해요. 곧 호강시켜드릴게요.' 따위의 오글거리는 멘트가 필요한 순간이었지만 그런 말은 차마 입 밖으로 나오지 않았다. 심지어 손끝에서조차도.

"역시 자식은 낳아서 기를 게 못 되나봐. 나만 봐도 그래. 뼈 빠지게 고생해서 키워봐야 소용이 없다니까. 역시 애는 안 낳는 게 낫겠어."

사실 누군가의 엄마가 된다는 상상도 하지 않았을뿐더러 이제는 누군가의 아내가 된다는 기대조차 거의 접어버렸기에 쓸데없는 말임을 잘 알고 있었지만 그냥 내뱉었다. 그 순간 이유 모를 죄책감을 조금이라도 떨쳐버릴 무언가가 필요했으니까. 스스로를 향한 민망함을 지우고 부채감을 덜어 내기 위해 애서 밝게 툭 웃어 보였다. 그리고 시답지 않은 얘기에 낄낄거리는 현재의 우리와, 어쩌면 우릴 닮아 괘씸한 아이에게 배신감을 느끼며 씩씩거릴지 모를 미래의 우리를 위해 자조 섞인 위로를 덧붙였다.

"다 그런 거지 뭐. 다 그런 거야."

그렇게 부모님께 선사하는 감동적인 이벤트 대신 친구와의 투닥거림으로 채운 어버이날을 흘려보냈다.

늙어가는 부모님을 보면서 지나가는 세월이 아팠고, 더 이상 자랑이 되어드리지 못해 안타까웠고, 미안함을 짜증으로 대신하는 나 자신이 싫었고, 세상살이가 버거워 존재가 서글퍼질 때 내 탄생부터 사소한 것 하나에 울고 웃었을 두 분께 참으로 죄송했으며, 누군가 앞에서 한없이 작아지고 초라해졌을 때 나를 소중하게 여기는 두 분을 볼 수 없었다는, 차마 하지 못했던 말을 마음에만 담은 채.

누군가가 나에게 말했다. 사랑이 뭔지 잘 모르겠다고. 사실 나도 그렇다. 내가 부모님을 사랑하는지 잘 모르겠다. 어쩌면 나는 진짜 나쁜 딸이라 연인을 부모보다 더 사랑할지도 모르겠다. 엄마, 아빠를 향한 애잔함이 있지만 그래도 내 관심과 애정, 염려는 오히려 그놈에게 더 향해 있으니까. 그럼에도 불구하고 나는 소망한다. 내가 다시 두 분의 자랑이 될 수 있길. 두 분의 남은 인생이 지난날보다 좀 더 행복하고 평온하기를. 그들의 한숨이, 쇠약함이, 회한이 내겐 꽤 날카로운 아픔으로 다가오니까. 조금 더 솔직해지자면 그들의 노년이 여전히 익숙하지 않다. 생각해보면 나의 늙어감보다 그들의 늙어감을 상상해본 날이 더 적었다. 그러니 부디 그들에게 노년의 세례가 느리게 찾아오길, 덧없는 소망을 품어본다.

"부모님은 뭐하세요?"

 일을 구하느라 겨울이 바빠졌다. 교육청 홈페이지에 올라오는 공고를 보고 지원서를 쓰고, 필기시험을 보고, 수업 시연을 하고, 때때로 몇 차례 면접을 거쳐야 했다. 면접 기회조차 많지 않았기에 잔뜩 긴장하고 있던 내게 면접관이 물었다.

 "부모님은 뭐하세요?"

 '도대체 그게 저를 채용하는 것과 무슨 관련이 있죠?'라고 되묻고 싶었지만 이미 내 입은 다른 말을 뱉고 있었다.

 "아버지는 사업을 하시고, 어머니는 전업주

부십니다."

　물론 사실이 아니었다. 수많은 시간 속에 담긴 의미와 과정을 생략한 채 객관적인 사실만 말하자면, 인테리어 사업을 진작에 접은 아빠는 공사 현장을 찾아다니는 일용직, 내가 어릴 때부터 단 한 번도 일을 쉰 적 없던 엄마는 식당 아줌마였다. 엄마, 아빠에게 너무도 미안했다. 미안했지만 거짓말을 해야만 할 것 같은 마음이 더욱 미안했다.

　문득 어린 시절 학교에서 받았던 비슷한 질문이 떠올랐다.

　"엄마, 아빠 뭐하시니?"

　"아빠는 제 책상이랑 책꽂이를 만들어주세요. 엄마는 집에서 테이프를 만드세요."

　초등학교 시절 담임 선생님의 질문에 이렇게 대답했던 나는 집에 와서 엄마에게 꾸중을 들었다. 그땐 이유 없이 나를 타박하는 엄마가 미웠고, 미움보다는 이해할 수 없는 감정이 더 컸다. 책상을 만들어주는 건 멋진 일인데, 음악을 듣는 테이프가 어떻게 만들어지는지 아는 게 얼마나 신기한데. 거짓말을 해야 했다면 미리 말이라도 해주든가. 속상했다. 그런데 그 어린 시절의 설움보다 더 큰 울분이 현재의 나를 덮쳤다. 나를 채용하는데 대체 왜 우리 부모의 직업이 필요하며, 그 앞에서 나는 대체 왜 솔직하게 말하지 못했는지. 솔직한 나를 꾸짖던 아주 젊은 시절의 엄마 마음을 헤아릴 수 있을 것 같았다. 또다시 미안해졌다. 엄마는 어린 나를 지키기 위해 거짓말을 요구 했지만, 나는 스스로를 지키기 위해 거짓말을 둘러댄 것 같아서. 설움과 분노는 얽히고설켜 지난날의 기억과 감정까지도 끌어냈다.

"부모님이 어학연수 보내줄 능력도 없으신가?"

"가난한 집에서 태어나 좋은 대학 나온 사람들이 위험해요."

"사회적 약자 편을 들면 안 돼요. 사회적 균형이 깨지니까요."

"정치적으로 좌예요? 우예요?"

인자한 표정과 따스한 말투로 한 시간 반가량 나에게 질문을 던졌던 한 중학교의 교장이 떠올랐다. 아니, 정확히 말하면 질문이라기보다 모욕이었다. 그 앞에서 미간에 잡히는 주름을 애써 펴고, 굳어지는 안면 근육을 이완시키려 노력했다. 움직이지 않는 양쪽 입꼬리를 위로 올리려 온 힘을 다했고, 그들이 원하는 답을 고르려 신중을 기했다. 그리고 결국 떨어졌다. 애초에 공격적인 문장들이 날카롭게 나를 베어올 때 알아차렸어야 하는데 미련하게 사소한 가능성을 붙잡으려 했던 내가 원망스러웠다. 차라리 시원하게 한마디 내뱉고 자리를 뻥 차고 나왔어야 했는데. 그러기엔 너무 나약했고, 짊어져야 할 무게가 너무 무거웠다, 라고 변명하고 싶어진다.

그리고 오늘, 그 무게는 조금 다르지만 비슷한 결의 상황과 마주했고, 그때와 유사한 감정과 대면해야 했다. 시간이 지났지만 나는 여전히 면접관이자 고용자인 그들에게 탐탁지 않은 지원자이고, 나 자신에게 비겁한 거짓말쟁이다. 그 아픈 사실이 매서운 바람보다 더 춥게 느껴졌다.

마음 거울

 가끔, 아니 종종 나도 내 마음을 잘 모르겠다. 사람 마음을 어찌 딱 하나로 설명할 수 있겠느냐마는 복잡하게 얽히고설킨 마음을 안고 살아가다 보면, 꼬이고 꼬인 그 실체를 슬쩍 보고 싶을 때가 있다. 거울 앞에 섰을 때, 세월을 비껴가지 못한 내 얼굴과 몸뚱이뿐 아니라 수많은 순간을 켜켜이 안고 있는 내 마음도 볼 수 있다넌 소금은 덜 서러워질까. 더 복잡해지려나.

오늘의 운세

 절대적인 존재를 어렴풋이 믿긴 했지만 미신을 믿는 편은 아니었다. 그럼에도 가끔 '오늘의 운세' 따위를 들춰 보게 되는 순간이 있다. 모든 것이 내 통제 밖으로 벗어났다는 생각이 들 때, 아무리 발버둥 쳐도 바닥으로 가라앉아버린 마음이 좀처럼 떠오를 기미를 보이지 않을 때, 그래서 그냥 저 아래로 숨고만 싶을 때. 어딘가를 향해 달려가고 싶은데 그 목적지를 잃어버리고, 누군가를 향해 똑똑 문을 두드리고 싶은데 손에 닿는 문 하나 없을 때, 그래서 엉엉 울어버리고 싶을 때.

그런 날엔 운명 따위에 내 존재를 맡긴 채, 그저 들여다보고 싶어진다.
나, 오늘은 좀 괜찮을까?

마음 맞이 대청소

 취업준비생이라서 좋은 점이 하나 있다. 시간이 많다는 것, 그래서 내 마음대로 시간을 쓸 수 있다는 것. 물론 마음이 바빠 정작 여유를 느끼지 못하지만 말이다. 시간 여유는 있되 금전적, 정신적 여유가 없어 집 밖을 나가기도 힘들다는 것 또한 문제다. 그래서 취준생이자 집순이 역을 동시에 맡고 있으면서도 정작 방 청소를 제대로 한 적이 거의 없다. 부모님께 얹혀사는 주제를 인지하고 종종 쓸고 닦는 시늉을 하지만 그때에도 내 방은 그 대상 목록에서 제외되곤 했다. 내 방이 싫었으므로. 그런 내가 방

청소를 했다. 단순히 쓸고 닦는 그런 청소가 아닌 공간에 있는 모든 것을 재구성하는 대.청.소.

사실 내 공간이 마음에 들지 않았다. 어릴 때 이곳으로 이사 왔기에 내 방은 모두 부모님의 뜻대로 채워졌다. 그래서 내가 주인이면서도 주인이 아닌 그런 느낌이랄까. 방의 벽지, 장판, 가구, 배치 등 내 의사가 반영된 것은 거의 없었다. 마치 내 인생처럼. 하지만 그 사실을 인지하지 못하고 있었다.

오랜 시간이 걸렸다. 내가 존재하는 공간에 내 시간과 진심이 깊이 닿아 있지 않단 사실을 깨닫고, 내 인생을 변화시키기로 의지를 다지기까지. 결심을 한 뒤에도 여전히 어려웠다. 어디서부터 어떻게 시작해야 할지 막막했다. 사회에서 성해순 룰을 벗어나 내가 '진짜' 스스로 선택하고 움직인 적이 거의 없었기에.

일단 버리기로 했다. 마음에 들지 않았던 투박하고 덩치 큰 책상을. 거의 치지 않았지만 괜스레 버리지 못했던 피아노도 과감히 처분하기로 했다. 책상 서랍 속에 묵혀 있던, 기억에서조차 희미해져버린 수많은 물건들도 버리기로 했다. 몇 개의 쓰레기봉투를 여미고 기증할 물건으로 채운 상자 여러 개를 방 밖으로 꺼냈다. 그제야 비좁아 보였던 방이 꽤 크게 느껴졌다. 고심한 끝에 고른 하늘색 벽지가 우중충했던 공간을 환하게 채워주는 느낌이었다.

그동안 먼지가 쌓이고 녹이 슬어버린 내 삶에도 비울 것이 많다. 내려놓지 못한 수많은 마음이 나를 앞으로 나아가지 못하게 한다는 것을 알면서도 쉽게 버릴 수가 없다. 언젠가는 다시 쓰겠지, 나중에 다시 필요하게 되면 어쩌지. 쓸데없이 미련만 가득해 앞으로 나아갈 힘을 뺏겨버린다. 3일 내내 온 집 안을 헤집고 돌아다니면서 끄집어내고 버리면서 새삼 느꼈다. 비워야만 채울 수 있음을. 묵은 먼지를 벗겨내고 새로운 것을 채워낼 수 있는 넉넉한 공간을 가진, 이제 막 창고에서 제대로 된 공간으로 다시 태어난 방에 서서 중얼거린다.

    나도 비우고 새로 채울 수 있을까. 내 인생도 하늘색 빛으로 채워질 그런 날이 올까.

바로, 지금

'조금만 더 여유가 생기면', '성공하면'.

이런 저런 수험생활을 할 때마다 스스로에게 했던 말이다. 대부분의 욕망을 참아야 하는 나를 향한 위안이자 풀썩 주저앉아버릴 때마다 땅에 붙어버린 엉덩이를 겨우 떼어내는 주문이었다. 지금 나의 삶과 처지는 비루하므로 내가 조금 더 나은 사람이 되면 좋은 일을 하고, 일상에 여유가 생기면 하고 싶은 일을 할 수 있다. 그러니까 지금은 안.된.다.

그래야 한다고 생각했다. 그래야 한다고 배웠다. 다들 그렇게 산다고 하니까. 오지 않을 날에서 제대로 살고 있을 '나'는, 비루한 현재를 견디는 힘이었다. 지금의 나는 아무런 힘도, 능력도 없지만 미래의 '나'는 제 구실을 하며 제법 사람답게 살고 있었으니까.

'고마워.'

어느 날 날아든, 진부함이 덕지덕지 묻은 그 말이 세상 그 어떤 말보다 새롭게 다가왔다.

'고맙다고? 나한테?'

아무것도 할 수 없어 쭈구리가 되어버린 내가 누군가에게 고마움을 줄 수 있는 사람이란 사실이 새삼스러웠다. 아무런 힘도, 능력도 없는 지금의 나도 누군가에게 무언가를 해줄 수 있다니. 감사의 마음을 받을 만한 그 어떤 것을 할 수 있는 사람이었다니. 새로운 발견이라도 한 것처럼 달뜬 마음을 주체할 수 없었다. 어쩌면 내가 절실했던 그 순간, 내게 손을 내밀어 주었던 그 사람들도 나와 같은 마음이지 않았을까? 그들도 스스로를 보잘것없는 존재로 느끼고 있던 건 아닐까? 거기까지 생각이 미치자 내 존재에 의미를 부여하기 시작했다. 그럼 나도 스러져가는 존재에게 힘을 불어 넣어주었을지도 모른다는. 그리고 더 뻗어나갔던 생각과 마음들.

비록 지금 내 상황이 먹구름 가득할지라도, 이 구름이 걷히는 맑은 날까지 기다리지 말자. 바로, 지금. 내가 나눌 수 있는 것을 다른 이와 함께 나눠야겠다고 마음먹었다. 그 사소한 나눔으로 인해 내 인생에 드리워졌던 구름이 걷히고 다른 이에게 옅은 빛이 스칠 수 있으니까. 덕분에 차가운 내 마음에도 온기가 닿을지 모르니까.

결국, 오늘도 누군가에게 전하는 손길과 위안의 끝은 나를 향해 있다. 나눔, 이타성 같은 포근한 말 뒤에 숨겨둔 나의 이기심과 처음 마주했을 땐 불편했다. 하지만 이젠 꽤 익숙하다. 이런 나를 받아들이는 법을 배워가고 있으니까.

어쨌든, 앞으로는 내일 성취할 것들보다는 오늘 가지고 있는 것에 집중하는 삶을 살아야겠다.

겨우 안착한 평범?!

"유명하면 돼요."

 어느 순간부터 정규직이 장래희망이 된 나는, 꿈의 실현 가능성이 낮음을 예감하고 점점 다른 비정규직 일자리로 눈을 돌리기 시작했다. 청년 인턴, 시간 강사, 기간제, 과외, 서빙 등등. 할 수 있는 일과 하고 싶은 일의 교집합을 찾다가 프리랜서 여행 작가는 어떨까, 하는 생각을 했다. 물론 시중에 깔린 수많은 여행 서적과 검색창에 원하는 단어만 치면 쏟아져 나오는 수많은 여행 블로그를 생각하면 그 문이 비좁다는 것은 이미 알고 있었다. 하지만 관련 수업을 들어보니 현실은 더욱 참담했다. 강사는 말했다.

"유명하면 돼요."

출판사에서 원하는 건 기본적으로 수준 높은 콘텐츠이지만 더 중요한 건 수익이 보장될 유명인, 즉 특정 분야의 전문가나 연예인 저자라고 했다. 예컨대, 글을 잘 쓰는 셰프는 요리하는 사람이 글을 쓴다는 사실만으로도 독특함이 묻어나기에 독자의 시선을 사로잡을 수 있다. 그러니 여행 작가로 돈을 벌 생각은 꿈도 꾸지 말고 유명해져서 여행 작가를 겸하거나 그냥 사이드 잡 정도로 생각하라고 했다.

괜스레 배알이 틀렸다. 그럴 거면 강의명에 여행 작가라는 말을 빼든가. 수업을 들으면 여행 작가가 될 팁을 알려줄 것처럼 써놔서 사람 마음을 풍선처럼 부풀려 놓더니 첫날부터 땅으로 곤두박질치게 하다니. 현실도 그래. 셰프는 요리로도 먹고살 수 있는데 글 잘 쓰는 게 특이하다고 원고료로 부수익도 톡톡히 챙기고, 글만으로 좀 먹고살아볼까 하는 사람은 유니크함도

뭣도 없어서 외면당한다니. 정말 너무한 거 아냐?

　돈만 돈을 버는 게 아니었다. 명성도 명성을 벌고, 일도 일을 버는 세상. 수업 내내 뽀로통한 마음을 숨길 수가 없었다. 가진 게 아무것도 없는 나는 이 세상에서 대체 뭘 얻을 수 있을까.

　가진 게 없어 슬픈 나를 위한 오늘의 선곡.

　없는 게 메리트

　(일까. 그랬으면 좋겠다, 제!발!)

노동의 대가는 설움

 내 신분은 취준생에서 비정규직으로 이동했다. 상승 혹은 하락이라는 단어를 쓰기 어려운, 그저 수평 이동 정도라고나 할까. 취준생은 백수라는 점에선 비정규직에 비해 더 답답한 현재를 견뎌야 하지만 정규직 입성이라는 더 나은 미래가 있고, 비정규직은 밥벌이를 한다는 점에선 취준생보단 좀 더 나은 현재를 살지만 정규직으로 나아갈 확률이 상대적으로 더 희박하다는 점에서 더 참혹한 미래가 기다리고 있으니 말이다. 나는 그 중간쯤, 꿈꾸는 비정규직을 선택했다. 그리고 나의 꿈은 '정규직'이 아니라 그냥 '나'로 사는 삶으로 바꾸었다. 그런데 그 바뀐 꿈이 다시 흔들릴 때가 있다. 꽤 자주.

비정규직의 삶 중에서 서럽지 않은 것이 얼마나 되겠냐만은 시간제 노동자로서 가장 서러운 것은 바로 돈을 받을 때이다. 내가 일한 대가를 당당히 요구할 때조차 구걸하는 느낌이 든다. 대체 어차피 줄 돈을 왜 그렇게 뜸들이고 주는 건지, 그러면서 요구하는 것은 참 많다. 마음으로, 최선을 다해, 성과를 낼 것 등등. 최소한의 노동 요건을 충족하지 못하는 주제에 바라는 것은 왜 그렇게 많으신가요?

기나긴 고민 끝에 어렵사리 정당한 노동의 대가를 물으면 돌아오는 건 미안함이 아니다. 대체 왜 그리 돈을 밝히냐는 투로 나를 한순간에 속물석이고 직업윤리 따윈 없는 인간으로 전락시킨다. 더럽고 짜증나는 기분은 둘째치고 잘못한 게 없는데 그런 취급을 받아야 한다는 사실에 분하다. 무엇보다 돈을 받기 위해, 잘리지 않기 위해 그 앞에서 당당할 수 없는 스스로에게 가장 분노한다. 하지만 내가 할 수 있는 일이란 목까지 차오르는 열기를 꾹꾹 삼켜내는 것뿐.

시간도 자유롭게 사용할 수 있고, 꾸고 싶은 꿈도 꾸고, 즐겁게 살 수 있는 비정규직도 나쁘지 않아. 프리랜서잖아. 기업에 고용되지 않고 나 스스로가 1인 기업이 되는 거야, 라고 애써 위로해보지만 그건 다 어느 정도 돈벌이가 되는 비정규직의 이야기다. 여전히 대한민국에서 비정규직이란 주변 상황에 떠밀린 선택이며, 생활을 꾸리기엔 모자란 돈을 겨우 쥐어보는 삶의 주인공일 뿐. 이 땅에서 비정규직으로 살기란 녹록지 않다.

이 땅의 모든 비정규직과 서러운 노동자들에게 심심한 위로와 격려를.

내가 싸움닭이 되어 가는 이유

 오래 전, 그러니까 어른들이 우리에게 뭘 해도 예쁘다고 하는 칭찬을 거짓말이라고 믿었던 시절, 친구와 함께 홍대 근처 사주카페에 갔다. 딱히 인생이 힘들고 고달파서라기보단 궁금했다. 한 번도 가보지 못한 그곳이. 미래보다는 사주카페라는 공간에 대한 호기심이 컸다. 막상 가보니 난생처음 본 사람을 통해서 듣는 내 모습이 세법 재밌었다.
 "어머, 맞아."
 "아, 진짜요?"
 "응? 아닌데."

"에이, 설마. 그건 싫은데…"

갖가지 반응을 쏟아내며 열심히 경청하는 내게 그가 말했다. 평화주의자라고.

이래도 흥, 저래도 흥, 하는 흐릿한 색을 가진 건 아니지만, 그래서 멀리서 슬쩍 본 사람들은 아니라고 생각할지 모르겠지만, 나는 평화를 사랑하는 평화주의자다. 웬만하면 모든 사람에게 친절을 베풀려고 노력한다. 내가 상대에게 바라는 최소한의 친절을. 하지만 상대가 나에게 공격을 개시하면 그때부터 이야기는 달라진다. 특히 나를 보호해줄 조직이 없을 때, 단단히 무장하고 말캉거리는 속내를 보이지 않으려 나름의 논리와 날카로운 신경을 곤두세운다.

어느 곳에서나 노동 조건은 늘 문제다. 열악한 환경, 불합리한 처우, 과도한 요구에 침묵했다. 그 모든 것이 나에게는 옳지 않지만 일을 진행할 땐 인정할만한 부분도 있었으니까. 하지만 누가 봐도 말이 안 되는 조건을 당연하게 주장

하는 그들에게 입을 열 수밖에 없었다. 결국 나는 드센 사람, 대드는 사람이 되었다. 그저 고마움과 미안한 마음을, 정당한 대우를 받고 싶었을 뿐인데 말이다.

지난주에도, 오늘도, 내일도 나는 여기저기 몸담고 있는 곳에서 작은 소란을 부린다. 그들은 모른다. 그 작은 소란이 내 온몸과 정신을 뒤흔들고 있다는 사실을. 그 짧은 반란을 실행하기 위해 많은 시간을 고민하고, 이후에도 오랫동안 불편해할 거란 사실을. 아니, 어쩌면 알면서도 외면하는 것일지 모른다. 그들에게 나는 그 정도의 사소한 존재니까.

그래도 나는 말할 것이다. 그 작은 권리를 위해, 나를 위해. 같은 아픔을 겪을 당신을 위해. 외로운 우리가 지치지 않길 바라며, 홀로 주먹 불끈 쥐고 소리 없이 외쳐본다. 파이팅!

불편한 호의

학교에서 시간강사를 하면 받는 시간당 금액 17,000원(당시 기준). 시간당 임금으론 높은 편이라고 생각한다. 문제는 한 번 갔을 때 수업을 연속으로 하는 게 아니라 공강과 점심시간 따위를 흘려보내야 하는데 그건 노동 시간으로 계산하지 않는다는 것. 게다가 시간강사는 수업만 하는 게 원칙인데 막상 일을 하다보면 학교 측에서는 시험 문제 점검, 수행평가와 서술형 문제 채점, 생활기록부 작성까지 자연스럽게 시켰다. '학생을 위해서'라는 거짓말 앞에 결국 나는 부자연스럽게 그 모든 일을 할 수밖에 없었다.

일주일에 5시간만 수업을 하는 시간강사 자리를 얻게 되었다. 애초에 학교에선 5시간밖에 안 되니 하루 혹은 이틀에 몰아주겠다고 했으나 막상 학기가 시작되고 나서 시간표를 보니 주 3일을 나가야 했다. 한두 시간 수업을 하기 위해 왕복 두 시간 가량을 거리에서 허비하고, 내 돈 들여 학교에서 점심까지 먹어야 한다니. 이 불합리함을 가서 이야기를 해보아도 소용이 없었다. '아이들을 위해서'라는 말 한마디에 늘 말문이 막힌다. 그게 진짜 이유가 아니라는 것쯤은 서로가 알고 있지만, 그 이유 앞에선 어떤 반박도 할 수 없다는 것 또한 서로 알고 있으니까. 나보다 한수 위이며, 권력자인 그는 그 멘트 하나로 날 KO시켰다.

시험 문제를 내달라고 '부탁'하는 것도, 시험 기간에 나와서 서술형 답안 채점을 요구하는 것도 너무나 부당했다. 수업한 시간만큼만 돈을 지급받는 시간 강사는 다른 업무에 대한 보수를 받지 않기 때문이다. 하지만 오류를 줄이기 위해 교사 두 명이 교차 점검을 해야 하는 게 합리적이니까 부당한 요구 앞에 OK할 수밖에 없었다. 물론 다른 곳에서도 일자리를 구해야 하는 내가 거기에서 노동자의 권리를 운운한다면 앞으론 영원히 일할 곳을 찾을 수 없을지 모른다는 우려도 깔렸다. 왜 한 개인이 시스템의 부당함을 감내해야 하는지 분했지만 내겐 다른 선택권이 없었다. 그런 내게 누군가가 건넨 따뜻한 말 한마디는 차갑게 가슴에 쾅 부딪혀 산산이 부서졌다.

"점심 같이 먹고 가요."

시험 기간엔 수업이 없기 때문에 출근해도 돈 한 푼 못 받는 내가 교통비를 들여 이곳까지 와서 대가를 지불받지 못할 노동을 제공했는데, 점심까지 내 돈 내고 먹으라니요. 그저 밥 한 끼 함께 하자는 호의를 베푼 그분은 정말 모를까. 수업 이외의 모든 업무는 그저 무료봉사라는 걸, 나에겐 급식비가 단 한푼도 지원되지 않는다는 걸. 그분이 모르는 건 또 있었다.

"어머, 좋겠다. 교수가 따로 없네."

수업을 마치고 학교를 빠져나가는 내게 그가 뱉은 말이었다. 나도 당신만큼 돈 받고, 당신처럼 고용 안정성을 보장 받으면 수업 이외의 행정 업무도 하고 퇴근도 늦게 하겠어요, 라고 말할 수 없어서 그저 어색한 웃음만 던졌다.

난 내게 막말을 한 그 사람을 정말 좋아했고, 지금도 좋아한다. 배울 점도 많고, 열정적으로 일하는 사람이다. 다만, 서로의 다른 처지 때문에 악의 없이 던진 말이 상처가 된다는 사실이 슬플 뿐. 나는 누군가의 호의도 편하게 받을 수 없는, 누군가의 부러움도 그대로 받을 수 없는 그런 위치에 있다는 사실이 서글플 뿐.

그러니 부디 그런 막말은 삼가주세요.

돌려주고픈 빅엿

 학기말. 기말 고사가 끝나서 사실상 할 일이 별로 없었다. 그래도 학교에서 별도의 말이 없었기에 수업 시간에 맞춰 출근했다. 자리에 앉아 있는데 내선전화가 걸려왔다.
 "오늘 왜 나오셨어요? 예산 없는데."
 (왜냐니? 장난하냐?)
 "네? 계약 기간이 남아서…"
 "그렇긴 한데… 예산을 다 썼어요. 나오시지 말지."
 (그 예산 내가 썼냐? 미리 말을 하든가.)
 "네? 따로 말씀이 없으셔서."

"선생님이 시험 기간에 나오셔서 예산을 다 쓰셨어요."

(시험 기간에 나오지 말라고 하든가! 그리고 난 뒤늦게 왔고, 내 전임자가 예산 쓴 거거든!)

"아… 네… 그럼 제가 나온 날 급여는 받을 수 없는 건가요?"

"이제 생각해봐야죠."

(미친 거니. 생각을 하고 말을 하라고.)

"아… 네…"

예산 관리를 제대로 못한 건 관리자인데 왜 그 피해는 내가 받아야 하는 거지? 최소한의 예의로 미리 연락을 해주지 않은 건 그쪽인데 왜 민망함은 나의 몫인 거지? 왜 내가 고작 대꾸한 거라곤 '네…'가 절반 이상인 거지? 울화통이 터졌다. 울분의 감정조차 제대로 표출할 수 없는 '을 오브 을', '쭈구리 오브 쭈구리'인 나를 대신해 주변 동료들이 분노해주었다. 누구도 이 일을 해결해주진 않았지만 그걸로도 충분했다. 보따리장수 신세인 내게 동료란 언감생심의 존재였으니까. 다른 처지임에도 내 상황을 이해하고 공감해주는 사람이 있다는 사실에 위로가 되었다.

"열 받는 데 엿 먹으라고 생기부 써주지 말고 그냥 가."

누군가가 말했다. 맞다. 솔직히 내 일도 아니지 뭐. 나는 수업만 하는 사람인데. 전화를 끊는 순간 집으로 가고 싶었지만 다시 의자에 앉을 수밖에 없었던 건, 나처럼 제 잘못도 아닌데 피해를 볼 아이들이 떠올라서. 강사한테 배운 게 본인 잘못도 아닌데 평가에 불이익을 받으면 너무 억울할 얼굴들이 떠올라서. 씩씩대며 컴퓨터 자판을 두드리며 나에게 빅엿을 선사한 그들에게 던질 사소한 복수를 꿈꾼다.

근데 대체 언제, 어떻게? 아오, 열 받아!

소모품의 바람

"널 대체할 사람이 생긴 것 같아."

더 이상 인연을 이어갈 수 없다는 사실보다 더 아팠던 건 이제까지 특별하다 믿었던 내 존재가 고유성을 잃었기 때문이었다. 내가 이름 석 자로 특징지어지는 고유명사가 아니라 어떤 역할로 규정되는 보통명사로 전락했다는 사실, 그걸 받아들이기가 매우 힘들었다. 상대에게 누구도 대신할 수 없는 고유한 존재라고 믿었던 것이 '착각'이었음을 인정하는 건 너무 아프니까. 이런 대체가능성에서 비롯된 슬픔은 비단 개인적 인간관계에만 존재하는 것이 아니다.

일을 하면서도 가장 힘들다고 느끼는 순간 역시 바로 이럴 때다. 내가 대체가능한 존재로 여겨질 때.

일터에서 나는 노동자이고, 계약관계에서 '을'이라고 명명되지만 여전히 '나'이다. 아무리 수많은 '을' 중에 하나이고, 맡은 업무 역시 수많은 '을'이 하는 것과 매한가지이며, 실제로 수많은 '을'의 손을 거쳐 온 일이지만 일을 대하는 태도나 처리하는 방식은 나만의 고유한 것이다. 내 방식이 옳든 그르든 나는 수많은 '을'과는 다른 '나'라는 특성이 있다. 그런데 종종 그런 특수성을 무시당한 채 성과를 내기 위한 도구로 대접받는 기분이 들 때가 있다. 어떤 일을 할 때 즐거운지, 능력이 극대화 되는지는 중요하진 않다. 그저 조직에 필요한 곳에 투입이 될 뿐. 내 건강 상태나 기분 따윈 안중에도 없다. 그저 조직의 명예를 드높이기 위해 쓰이는 수단일 뿐.

"건강 잘 챙겨요. 일 많은데 쓰러지면 안 돼."

언뜻 보면 안부를 걱정하는 듯한 이 말에 마음이 따뜻해지지 않았던 건 내가 일의 주인이 아니라 일이 나를 뒤에서 휘몰아치는 동시에 앞에서 질질 끌고 가는 기분이 들어서였다. 그럼에도 일을 할 수 있다는 사실에 감사하며 여기저기서 쏟아지는 일을 쉴 틈 없이 하는 내게 친구가 물었다.

"야, 거긴 너 없음 어떻게 돌아가냐?"

"나 대신 오는 기간제."

"아…!"

이제는 소모품인 '을10' 정도 되는 신분에서 벗어나 나만의 고유성을 찾고 싶다면 지나친 욕심일까.

감정과 언어

 궁금했다. 내가 느끼는 감정을 너도 똑같이 느낄까? 내가 떠올리는 '행복하다'는 마음, '슬프다'는 감각이 네게도 온전히 가닿을까? 소중한 사람일수록 내 마음을 상대의 감정 위에 포개보고 싶었다. 사람들이 명명하는 특정 단어 하나로 대신하는 게 아니라 구구절절 늘어뜨려 놓고 꼼꼼하게 맞춰보고 싶었다. 때론 우리가 서로에게 내뱉는 말의 온도가 다를지도 모르니까. 설령 똑같은 단어라도 말이다. 그래서 '사랑해'라는 말 대신 다른 긴 문장을 택했다.

 '너를 보면 가슴이 뛰거나 설레지는 않지만

너를 만나기로 약속한 그 순간부터 나는 행복해져. 너와 만날 날짜와 장소를 정하고 나서도 여전히 나는 해야 할 일이 참 많아. 그날 입을 옷, 먹을 메뉴부터 어떤 얼굴로 널 맞이할지까지 고민하거든. 네 모습을 내 눈에 넣기까지 모든 순간 내 마음은 들뜬 공기로 가득 차올라.'

'너를 위해 뭐든 해주고 싶어. 너에게 도움이 되지 못하는 나를 견디기 힘들거든.'

'세상이 너무 거지 같아 엉엉 울고 싶고 어디론가 사라져 버리고 싶을 때 내 이름을 부르는 네 목소리만으로도 피투성이가 된 내 마음에 연고가 사르르 스며드는 기분이야.'

'너를 생각하면 조금 더 좋은, 조금 더 괜찮은 사람이 되고 싶어져.'

'세상에 변하지 않는 마음 따윈 없다는 거 알지만, 그래서 날 향한 너의 따뜻함도 식어버릴까 두렵지만 그래도 너라면 왠지 다를 거라고 믿게 돼.'

'너와 함께하는 길이 쉽지 않을 거란 걸 알지만 그럼에도 불구하고 같이 가고 싶어.'

아플 땐 말조차 하기 버겁긴 하지만 '아프다'란 짧은 말 대신 역시 긴 문장을 중얼거렸다.

'온몸 모든 세포가 일어난 기분이야. 평소보다 수십 배 예민해진 세포 하나하나를 집요하게 막 찌르고 흔들어대는 기분. 그 혼란 속에서 와장창 부딪히고 깨져버리는 느낌이야.'

'마음이 아프다거나 가슴이 저릿하거나 그러진 않아. 그냥 무뎌졌어. 근데 몸이 이상해. 온몸이 떨려서 먹지 않아도 속이 울렁거려. 온 세상이 비틀대는 버스 같아. 무기력만 찰랑대는 몸에 아무 것도 넣을 수가 없어. 그냥 다 쏟아내야 할 것 같아.'

하지만 이런 말을 주절거리면서도 알았고, 뱉어낸 후에도 느꼈다. 이 모든 단어로도 내가 느낀 감정을 정확히 표현할 수 없었음을. 보잘것없는 어휘 안에 커다랗고 복잡 미묘한 마음을 구겨 넣을 뿐임을.

무엇보다 마음이란 게 참으로 이율배반적이고 시시각각 변한다는 사실이 문제였다. 그래서 진심이라는 것 자체가 규정하기 어려울 때가 많았다. 진심이란 건 진짜니까 명확한 하나라고, 무겁고 진지한 거라고 오해했던 편이 차라리 나았다. 진심이 여러 개일 수 있다는 걸 깨달은 지금, 때론 모든 반대되는 말이 동시에 전부 진심일 수 있음을 안다. 언어가 때론 감정을 규정한다는 것도, 감정을 언어로 완벽히 풀어낼 수도 없다는 것도, 가끔은 말없이 전달되는 감정이 더 강렬한 진심을 전한다는 것도.

그럼에도 여전히 나는 내 마음을 담아낼 문장을 고르고 고른다. 오차도, 오해도 없이, 내 진심이 당신에게 닿길 바라며. 오롯이.

나의 소망

"저 혼자 그런다고 세상이 바뀌진 않잖아요."
투표할 나이가 되면 꼭 투표하라는 내 말에 똘망똘망한 눈망울로 한 아이가 말했다. 너 따위의 말을 듣고 싶지 않다는 반항이 아닌, 진지한 궁금증에서 비롯된 그 눈빛을 무시할 수 없었지만, 너무도 당연하고 뻔한 말로 대답할 수밖에 없었다.

"모든 일이 그래. '나 하나 한다고 바뀌겠어?' 이런 맘으로 모두가 행동하지 않으면 아무것도 바뀌지 않아. 그래서 지금까지 바뀐 게 없는 거고. 그러니까 '나 하나라도'라는 마음으로,

다른 누군가의 마음과 행동으로 옮겨갈 거란 믿음으로 실천해야 하는 거야."

똘망한 눈망울의 그 아이는 내 말을 이해했을까? 아직 어려서 온전히 이해할 수 없었더라도, 부디 마음 어딘가에 한 마디라도 박혀 있다 어느 순간에 '탁' 하고 떠오르길.

누군가 내게 교직이 잘 어울린다고 했다. 당시 나는 교사 임용 '시험'에 지치고, 사립학교의 교사 선발 '시스템'에 환멸을 느끼고 있던 터라 그 말이 반갑지 않았다. 그리고 지금, 매 순간 느낀다. 교사를 직업으로 택하지 않길 잘했다고. 사람 일은 모르는지라 그것이 나중에 정말 내 천직이 될 수도 있겠지만 현재 내 직업은 그저 프리랜서다. 급여가 지급되는 시공간에서는 '교사'란 역할에 최선을 다하지만 학교 밖을 나가면 그 역할에서 완전히 해방된다. '교사'는 내 정체성 그 자체라기보단 돈을 벌기 위한 수단에 불과하니까. 그럼에도 그 찰나의 역할에 막중함을 느끼곤 한다.

    사람들의 생각과 달리 나는 늘 아이들 앞에서 약자다. 아이들은 마음속 깊이 '교사'라는 존재를 존경하지 않기에 권위는 존재하지 않는다. 진정성 없는, 표면적인 권력-때론 그마저도 없는 것 같지만-은 힘이 없다. 게다가 나는 상대적으로 그들에게 더 큰 관심과 애정을 가지고 있으니 약자일 수밖에 없다. 게다가 내 한마디가 영악하지만 여전히 순수한 그들에게 어떤 영향을 미칠지 몰라 조심스럽다. 그래서 그 똘망한 눈망울 앞에서 설 때마다 긴장이 되고 때론 옅은 두려움이 날 덮치곤 한다.

    또 다른 누군가는 내게 말했다. 교실에서 착한 척하지 말라고. 물론 나는 착하지도 않고, 착한 척을 하고 싶은 마음은 더더욱 없다. 그럼에도 교사는 친절해야 하는 존재가 아닐까. 다만, 권위가 있되 친절한 교사가 되는 게 참으로 어려울 뿐.

의도한 건 아니었지만 여러 곳에서 다양한 역할을 경험하면서 스스로에게 가장 많이 하는 질문은 내가 하는 일이 과연 '옳은가'이다. 사회가 제시하는 정답이 아닌 내가 스스로 당당해질 수 있는 옳음. 나만의 답을 찾는 길은 늘 어렵지만, 내가 택한 답이 틀림을 인정하고 되돌아오는 것은 더더욱 어렵지만, 소망한다.

옳은 길이라면 Go! 옳지 않다면 다시 Back! 할 수 있는 용기와 함께하길. 내가 하는 행동이, 하는 말이, 하는 선택이 정답은 아니더라도 오답은 아니길. 당장 이익을 가져오지 않더라도 옳은 일이길. 누군가에게 따뜻함을, 진심을 전할 수 있는 일이길.

청춘이 청춘에게

"저는 꿈이 너무 큰 것 같아요. 어떡하죠?"

걱정스러운 눈망울로 누군가 물어왔다. 문득 과거에 나를 찔렀던 말이 떠올랐다. 하고 싶은 것도, 신경 쓰는 것도 많고, 무엇 하나 포기하지 못하는 걸 보니 참 욕심이 많은 것 같다던. 오랫동안 그 말을 곱씹으며 생각했다. 그러니까 내가 잘못했다는 소린가. 욕심을 부리는 건 내 그릇에 담을 수 없는 걸 탐한다는 뜻 아닌가. 그런데 욕심 좀 부리면 어때? 큰 꿈을 품는다고 누구를 해치는 것도 아닌데. 결국 욕심을 품었다. 아니, 품었다 버리고 또다시 주워 담기를 반복했다. 그런 나를 떠올리며 앞에 있는 어린 눈동자를 향해 말했다.

괜찮아. 크고 허무맹랑한 꿈을 꿔도 돼. 그건 네 나이 때만 할 수 있는 특권이니까. 나이가 들면 저절로 그 꿈은 현실과 타협하게 되거든. 그 타협점에 치이고 깎여서 완전히 사라지지 않도록 아주 큰 꿈을 마음껏 꿔두는 게 좋아. 난 네가 그 나이에만 꿀 수 있는 모든 걸 다 품었으면 좋겠어. 허망한 꿈이든, 열정적인 사랑이든, 무모한 도전이든 전부. 현실에 눈뜰수록 줄어드는 낭만과 수많은 감정을 섬세하게 느껴보길 바라. 나이가 들고 손에 무언가를 쥐게 되면 용기가 줄어들거든. 네 앞에 열려 있는 모든 가능성과 교류하고, 모든 이들과 소통하면 좋겠어. 그로 인해 네가 상처받든, 상처를 주든 너는 더 단단해지고, 네 인생은 더 풍요로워질 테니까.

내 조언이 그 아이에게 얼마만큼 영향을 주었는지는 알 수 없다. 내 마음속에 꿈틀거리던 청춘도 그 말을 들은 이후 크게 심장이 뛰거나 대단한 모험에 뛰어들지 않았으니까. 그럼에도 내심 바랐다. 그날 흩어진 어쭙잖은 이야기가 우리 마음에 툭 머물다 결정적인 어떤 순간 불쑥 튀어나오길. 아직은 얕은 울타리 안에 있는 조금 더 어리고 여린 청춘이 용기 낼 수 있도록. 쓰린 현실을 버텨온 내가 이 전쟁 같은 세상을 향해 한 번쯤 큰소리 내지를 수 있도록.

술 권하는 사회

어쩌다 모임이 되어버린 조합. 주로 두 사람과 만나는 경우가 많은 나는 3인 이상이, 비교적 짧은 주기 내에 반복해서 만나면 모임으로 분류한다. 그리고 누가 명확하게 입 밖으로 꺼낸 적은 없지만 나 혼자 규정하는 만남의 목적과 모임 이름이 있다. 그것이 주로 단체 카톡방 이름이 되고, 다이어리에 적어두는 스케줄 명칭이 된다. 주로 우리를 만나게 해주었던 조직 혹은 장소가 그 역할을 하는 경우가 많고, 스터디나 맛집 투어처럼 목적이 그 자리를 차지하기도 한다. 하지만 이 경우엔 뭐랄까. 현재 다니고 있는 직장에서 만난 사람들이라 직장명으로 쓰기는 뭐하고, 모임에 목적성도, 구성원 간의 공통점도 없었다. 굳이 따지자면 약간의 음주를 즐기는 정도랄까. 의도하진 않았지만 그들과 함께했던 두 번의 경험 모두 술 푸는 모임이었다. 술독에 빠지는 정도로 마시는 건 아니지만 술과 함께 서러움을 퍼내는 모임 정도?

이유는 알 수 없지만 어쨌든 이날 우리는 연남동에서 만났다. 쏟아져 나온 사람들로 붐비는 지하철역 근처에서. 할로윈이 다가와서 그런지 평소보다 더 많이 북적였다. 그 모습을 보고도 아무런 감흥이 없었다. 더 이상 외부에서 정한 어떤 특정한 날에 마음이 술렁이지 않는 걸 보니 정말 나이를 먹었구나, 싶었다.

연트럴파크 벤치에 앉아 1차로 이야기를 풀어내고 H가 제안한 장소로 향했다. 속을 따뜻하게 할 음식과 맥주를 주문했다. 무슨 이야기를 했는지 기억이 잘 나질 않는다. 애초에 중요한 건 대화 내용이 아니었을지도 모른다. 그저 그 날은 토요일이었고, 우리 모두 쉴 새 없이 쏟아지는 업무로부터 탈출했다는 해방감을 만끽하는 게 중요했을 뿐. 사실 어느 곳이라도 좋았다. 토요일 밤이었으니까. 그저 그 자유로움을 충분히 느끼고 싶었고, 흘러가는 토요일 밤을 붙잡아 촘촘하게 채워내고 싶은 열망으로 가득했다. 금요일과 일요일 사이에 낀 토요일만의 이중적인 매력을 온전히 내 시간 속으로 녹여내고 싶었다.

자리를 옮겼다. 어딜 가든 우리처럼 토요일 밤을 즐기는 사람들로 가득했다. 좋은 분위기와 술, 안주 모두를 충족시키는 곳은 이미 다른 이들의 선택을 받았기에, 뒤늦은 우리의 걸음을 허락하지 않았다. 결국 자리를 잡은 곳은 시실리-시간을 잃어버린 마을. 가게 이름이 너무나 아름답고도 슬펐다. 가게 내부는 시간을 잃어버린 듯, 과거에 머물러 있었다. 허름함과 단출함에서 정겨움과 따스함이 느껴졌다. 알탕을 테이블 중앙에 올려놓고 술잔을 기울였다. 두서없는 이야기가 오갔지만 대부분은 고된 일상이었다. 제정신으로는 버티기 힘들어서, 긴 노동 시간 탓에 겨우 허락된 짧은 시간 안에 즐길 거리가 한정되어 있어서, 빠듯한 예산으로 할 수 있는 것이 없어서, 속에 꾹꾹 담아둔 이야기를 풀어낼 도구가 필요해서, 어색한 관계를 부드럽게 칠해줄 무언가를 원해서… 우리가 술을 찾는 이유는 그 횟수만큼 점점 더 다양해졌다. 잔에 담긴 술처럼 적당히 달콤하고, 적당히 쌉쌀한 시간을 새로운 벗들과 함께 지나고 있다.

긴 휴가가 남긴 상념

 그토록 기다리고 기다리던 연휴가 끝을 향해 달리고 있었다. 설렘을 가득 안고 야심차게 빌려왔던 책은 절반 정도밖에 읽지 못했고, 보려고 작성해뒀던 영화 목록은 반도 지우지 못했으며, 계획했던 만남은 거의 유야무야되었을 뿐 아니라 반드시 마무리해야지 했던 글은 파일조차 열지 못한 채 끝이 났다.

 누군가가 내게 말했다. 어느 순간 일상의 모든 것이 일과 관련되는 것이 너무 힘들다고. 그때 생각했다. 좋아하는 일을 직업으로 삼는 것만큼 신나는 일이 어디 있겠냐고. 비록 그렇게 살고 있지는 못하지만 그런 꿈을 꾸며 살고 있다는 게 행복했다.

그런데 이제 와서 드는 생각. 단단하지 않은 현실에 뿌리를 내린, 흔들리는 꿈이 과연 행복할까. 조금씩 피로감을 느끼는 이유는 내가 하는 모든 행위가 꿈을 위한 준비와 연결되는 탓일까, 아니면 종착역 없이 그저 '준비' 단계에만 머무르기 때문일까.

인생이란 게 늘 불확실한 거라고, 그러니까 그저 그 불투명에 몸을 맡기면 되는 거라고 스스로를 다독여보지만 세상이 규정해놓은 생애주기별 발달 과업을 성취하지 못함이 못내 서글플 때가 있다. 발달 과업에 뒤처졌다는 그 사실 자체는 내게 아무런 힘을 미치지 못하지만, 그것이 다른 사람과의 관계에 균열을 만든다고 느낄 때, 그리하여 소중했던, 소중한 사람과의 사이에서 불쑥 떠오르는 괴리감을 마주할 때, 그럴 때마다 바닥 깊이 움츠리고 있던 서글픔이 폭발하듯 뿜어져 나온다.

    기나긴 연휴가 내게 선물한 건 이런저런 상념들. 내일부터는 곧 사라지겠지. 삶의 전쟁터, 그 최전선에서 미친듯이 하루하루를 보내게 될 테니.

    달콤 쌉싸름했던 연휴, 안녕.

그리고,

고마워

긴 수험생활 끝에 공무원 생활을 시작한 친구를 만났다. 중학교 시절과 수험생활 몇 달을 제외하면 붙어 다닌 시간이 많지 않지만 오랫동안 일상과 감정을 나눈 사이. 그래서 각자의 시간에 서로가 묻어 있는 사이. 나의 오랜 친구.

네 고된 업무와 바쁜 하루들이,

내 지난날을 간직하고 있는 네가,

네 삶 속에서 여전히 존재하고 있는 내가,

눈물겨운 시간을 견뎌내고 지금을 살아가는 우리가,

고마웠다.

작은 위안

어릴 땐 '운명은 개척하는 것'이라고 생각했다. 한 살씩 더 나이를 먹어가면서 체념과 합리화 중간쯤 그 무언가를 배우고 생각했다. 세상엔 내 힘으로 어찌할 수 없는 일이 많다고.

그리고 몇 주 전, 우연히 지인이 사주와 관상을 봐주었다. 초년운이 가장 안 좋다며, 25살부터 30살까진 뭘 해도 안 됐을 거라고. 그 말이 왠지 위로가 되었다.

아, 내가 무능한 게 아니었구나.

내가 겪은 수모, 시련, 아픔 그 모든 게 내 탓은 아니었구나.

내가 상처를 주었던, 상처를 받았던 그 모든 일들이 내 잘못만은 아닐지도 몰라. 그냥 그럴 수밖에 없었던 일이었을지도 몰라.

그게 루저의 변명일지라도, 비겁한 자의 핑계일지라도, 나약한 자의 합리화일지라도 나는 그 마음을 작은 위로라고 부르고 싶다. 앞으로 나아갈 힘을 주는 위안.

아무튼 그 지루하고 아픈 시간 속에 나와 함께했던 이들에게 감사를.

타인보다 민감한

좋아하는 팟캐스트 '지대넓얕'. 친구가 지난 방송 중 '타인보다 더 민감한 사람' 편을 추천해 주었다. 딱히 새로운 내용은 없었다. 나는 이미 내가 타인보다 더 민감한 사람이라는 걸 알았고, 덕분에 어릴 때부터 '참 유난스럽다'라는 말을 많이 듣고 자랐으니까. 민감한 탓에 남들보다 더 얻은 상처가 아물기 전에 주변에서 뿌린 그런 말로 또 다른 상처가 덧나곤 했다. 그럼에도 괜찮았다. 상처가 곧 아물게 될 거란 사실을, 어떤 고통은 쌓이면 굳은살이 되어 단단해진다는 사실을 배웠기에.

그래도 그 방송은 위로가 되었다. 남보다 더 민감한 사람을 '유난스러운 사람'이 아닌 그냥 '한 사람'으로 인정해주었으니까. 내 문제도 다시 한 번 직시하게 되었다.

민감한 사람들은 흔히 관계에서 예민하게 반응하기 때문에 더 많은 상처와 스트레스를 받는다. 그래서 때로는 관계 자체를 기피하기도 한다. 내 경우, 그보다 더 큰 문제는 '내' 감정보다는 '상대'의 감정에 초점을 맞출 때가 있다는 것이다. 좋게 말하면 '배려'이지만 사실 그 기준은 '나'이다. 하지만 결정권이나 주도권은 나를 향하지 않는다. 그러니 어쭙잖은 배려로 속앓이하지 말고, 결정적인 순간엔 그저 '내' 마음의 소리에 따라 움직여야겠다. 상처투성이가 되더라도, 한 번쯤은 용기 내어 마음이 이끄는 대로 움직여보기로.

참 힘든 인생

"참 힘들다…."

얼마 전 만난 Y가 나에게 한 말이었다. 오랜만에 만나 그간의 일상들을 나누던 중이었다. 대화라는 게 늘 그렇듯 아무 생각 없이 뱉어낸 말이 오간다지만 Y가 던진 말에 나는 적잖게 당황했다.

"내가 너무 힘든 부분만 비약했나봐."

별 심의 없이 쏟아냈던 말을 재빨리 접으며 한 마디 결론을 내밀었다.

"아냐. 주변 사람 중에 이런 경우가 없는데."

Y의 지인이 특정 그룹에 치중되어 있음을 감

안하더라도 삶은 나에게 유독 무엇 하나 쉽게 내어주지 않았다. 누구의 인생인들 그렇게 물 흐르듯이 스쳐 지나겠냐마는 제3자마저 굴곡지다고 인정해버린 인생이라니, 서글프고도 안심이 되었다. 내가 너무 응석받이였던 건 아니었구나, 참 힘든 시간들을 잘 견뎌내고 있구나, 싶어서. 그래서 일까. 그보다 조금 더 시간이 흐른 뒤에는 더욱 고맙고 반짝거리는 찬사도 들었다.

"다들 힘들 때도 너 혼자 빛났어."

그 말이 너무 좋아서 하루 종일 꺼내보고, 며칠 동안 곱씹어보았다. 잘못한 게 없는데, 최선을 다했는데, 정말 간절했는데, 그럼에도 불구하고 자꾸 나타나는 유리벽 앞에서 좌절하며 나는 새로운 것을 배워갔다. 투명한 벽 건너편에 아른거리는 꿈과 기회들, 그걸 향해 거침없이 뻗어가는 사람을 보며 절망에 몸부림쳤고, 나를 끌어안고 시간을 견디는 유머와 웃음의 중요성을 알아갔다. 함께 하는 이가 건네는 다정함의 소중함과 서글픔에 스민 감사도.

낯선 인사

"고마워."

"…응? 뭐가?"

가끔은 누군가의 고맙다는 인사가 낯설게 느껴질 때가 있다. 내겐 그 사람에게 베푼 행위가 결코 그런 인사를 받을 만한 게 아니라서, 그 사람에게 보인 그 정도의 마음이 나에겐 너무도 사소하게만 느껴져서,

그래서,

고맙다는 그 말이 너무나도 생소하고 어색하게 느껴지는 순간이 있다.

"우리 딸 사랑해."

"우리 딸 사랑해."

거실에서 방으로 들어가려는 찰나 내게 던진 엄마의 말에 피식 웃었다.

"왜 웃어?"

글쎄. 나는 그 순간 왜 바람 빠지는 풍선 같은 헛헛한 웃음소리를 냈을까. 짧은 시간 동안 몇 개의 가설이 머리를 스쳐갔다.

첫째, 어느 순간부터 엄마의 사랑과 헌신이 부담과 의무로 다가와서. 그러니까 '사랑해'가 '성공해'로 들려서.

둘째, 사랑이 뭔지 몰라서.

셋째, '사랑해'라는 말이 익숙지 않아서.

무난하게 세 번째로 대답한 뒤 생각했다. 누군가로부터 사랑한다는 말을 들어본 게 언제였지. 내가 누군가에게 사랑한다는 말을 한 건 또 언제였더라. 나는 왜 '사랑한다'라는 말에 그렇게 인색했을까. 시크함이란 가면을 쓰고 누군가를 좋아하는 마음을 부끄러워했던 시간을 반성했다.

내가 어떤 사람이든, 어떤 일을 하든 무조건적이고 단단한 사랑을 보여줄 사람을 기다리면서 왜 나는 누군가에게 그런 마음을 줄 준비를 하지 못했을까. 혹여 그런 마음을 가졌다 하더라도 어느 순간부터 상대의 태도를 보며 마음을 숨기고 감춰버리곤 했다. 상대에 대한 기대가 실망으로 꺾일 때마다 그에 대한 나의 마음도 깎아버렸다. 상처받지 않기 위해서라고 변명하며.

그럼에도 상처가 두려워 마음을 단속하는 내

가, 결과가 두려워 겁먹어버리는 내가, 사랑에 빠질 수밖에 없던 순간이 있었다. 사랑했던 만큼 아팠고, 사랑했던 날보다 더 많은 시간 동안 후회했지만, 세상의 모든 빛을 잃었다고 생각했던 그 시간까지 포함해 빛나게 사랑했던 시간에 고맙다. 부모님을 비롯해 내게 사랑한다 말해주었던 모든 사람들, 내가 사랑한다고 말했던 모든 사람들에게도.

나의 든든한 후원자에게

 자본주의식으로 표현하자면 내 인생 최대 지분을 가진 최대 주주, 로맨틱하게 말하자면 인생에 별들 땐 보이지 않다가 어둠에 허우적댈 때 빛을 내는 별, 조금 더 현실적으로 설명하자면 내 생애 가장 강력한 애증의 대상.

 어느덧 나는 당신이 나를 낳았던 그 순간보다 더 나이를 먹었습니다. 당신이 한 남자의 아내가 되고, 한 생명의 엄마가 되어 새로운 삶을 꾸렸던 시기에 나는 여전히 방황하는 삶을 살고 있으니 그 마음이 얼마나 답답하고 허망할지 짐작이 됩니다. 더구나 당신은 당신의 딸이 자신보다 훨씬 똑똑하고 잘났다고 믿었으니 말입니다. 겉으로는 당신의 인생과 내 인생은 다르다고, 당신이 나를 위해 모든 걸 희생했던 건 본인의 행복을 위한 가장 합리적인 선택이었다고, 지금까지 살면서 충분히 당신을 행복하게 해줬다고, 그러니까 나는 당신에게 빚진 게 없다고 큰소리쳤지만 사실 속마음은 그것과 정반대였습니다. 그 주절거림은 교육학개론이나 심리 이론 따위를 주워들어 구성한 나를 위한 변명에 불과했습니다. 현재 당신을 결코 행복하게 해주지 못하는 나를 위한 변명 말입니다.

사람들을 만나 부딪치면서 배운 마음에 따르면 내 인생은 나만의 것이 아닙니다. 내 삶은 당신뿐만 아니라 수많은 사람들에게 빚져 왔기 때문입니다. 태어나서 지금까지 가족, 친구, 선생님 또 스쳐가는 많은 인연의 사랑과 도움을 받았고 그 모든 감사의 순간들이 켜켜이 모여 지금의 내가 됐으니 말입니다. 그래서 나는 당신에게도, 주변 사람들과 내가 살아온 이 사회에도 보답하고 싶었는데, 그게 쉽지가 않네요.

  어릴 때 정말 뭐든 다 할 수 있을 것만 같았는데 이젠 도무지 모르겠습니다. 나는 내 이야기를 하고 스스로를 표현하는 걸 좋아하는 아이였는데 지금은 내가 그래도 되는 걸까, 내가 원하는 게 아니라 세상이 원하는 걸 해야 하는 건 아닐까, 세상이 원하는 걸 할 수 있긴 할까 혼란스럽기만 합니다. 내가 정말 어떤 능력이 있는 인간이긴 할까 싶다가도 왜 세상은 나같은 인재를 몰라보는 거지 싶고. 나같이 무능력한 게 뭘 먹어서 뭐하나 싶다가도 훨훨 날아오를 미래를 위해 더 열심히 살아야지 싶고. 그냥 아무 일자리나 구해서 대충 살고 싶다가도 이왕 이렇게 된 거 진짜 내가 하고 싶은 걸 해야지 싶고. 도무지 뭐가 옳고 그른지, 내가 가야 할 길이 무엇인지 여전히 모르겠습니다. 당신은 대체 반백년 이상 수많은 선택의 기로에서 어찌도 그렇게 묵

묵히 한 길만 걸어올 수 있었을까요.

  못난 제 덕에 다른 사람들 앞에서 떳떳하지 못하게 해서, 무능력한 저 때문에 아직도 고된 몸 편히 쉬지 못하게 해서 한없이 죄스러운 마음뿐입니다. 그럼에도 여전히 기다리라는 말밖에 하지 못해 죄송합니다. 얼마 전에 만난 언니 둘이 똑같은 말을 하더군요. 다른 시간, 다른 공간에서 따로 만난 사람이었는데 말입니다.

  "그래도 집에서 널 많이 믿어주나 보네."

  솔직히 이전까지는 미처 몰랐습니다. 운 좋게 집에 얹혀살고 있다는 생각은 했지만 꾸준히 돈을 벌었고 열심히 생활했다고 스스로를 대견하게 여기기까지 했으니까요. 그 자만이 얼마나 어리석은 마음이었는지 알게 되었습니다. 왜 늘 내가 가진 의무와 부담만 생각하고 내가 누렸던 권리에 대해선 까맣게 잊는 걸까요.

  누군가는 말했습니다. 제가 당신에게 인정받기 위해 살아온 것 같다고. 그 말을 백 퍼센트

부정할 수 없고, 이론적으로 그건 옳은 삶의 태도가 아닌 것도 알지만 그럼에도 저는 그 삶의 방식은 완전히 포기할 수는 없을 것 같습니다. 그러기엔 이미 당신에게 너무 많은 걸 받았으니까요. 자본주의 생리에 너무나 익숙하고 잘 적응했으며 정치와 사회, 문화 따위엔 관심이 없는 당신과, 재테크 등 경제관념과 세상 물정에 어둡고 밥벌이 안 되는 정치나 사회, 문화 따위에나 관심을 보이는 저는 아마 앞으로도 수많은 시간을 피 튀기는 논쟁 속에서 보낼 것입니다. 자기주장을 꺾지 않는 곱지 못한 성질 머리는 똑같이 나눠 가졌으니까요.

그래도 저는 행복합니다. 함께 소통할 수 있는 시간이. 우린 비록 가끔 눈물을 흘리고, 아주 가끔 고성을 지르거나 가시 돋친 말을 던져대지만 그런 시간을 통해 또 서로를 알아가고 소통을 배우며 더 가까워질 테니까요. 그리고 무엇보다 서로에 대한 믿음이 있으니까. 우린 서로가 가진 능력에 대해 제일 먼저 알아봐주고 응원해주는 사람들이니까요.

앞으로 더 멋진 우리의 인생을 위하여,
Bravo, our life!

추억의 힘

그런 날이 있다. 아침을 맞이하는 게, 새로운 하루를 버텨내야 하는 게 버거운 날. 뭔가를 하지 않고는 배길 수 없는데 아무것도 하기 싫은 날. 1분 안에 기분이 수없이 오르락내리락 하고 폭발하지 않으면 견딜 수 없는 날.

10년 만에 만난 친구는 이런 지옥 같은 시간에서 나를 구원해주었다. 눈뜨자마자 빗속을 뚫고 나가 짙은 어둠이 깔릴 때까지 우리의 대화는 끊이질 않았다. 연애, 정치, 일상, 미래, 결혼 등등 우리의 수다는 여기저기를 훑고 지나갔지만 그 모든 영역을 지탱하고 있던 것은 추억이었다. 매일 점심시간 종이 울리면 서로의 교실 앞을 서성이다 함께 다다닥 급식실로 뛰어가 식판을 앞에 두고 해맑게 웃었던 10대 둘은 어느새 술잔이 기울일 나이가 되었다. 야자 시간 전에 굳이 시장 떡볶이를 먹겠다며 먼 길까지 걸어가 식사를 하고 돌아오는 길에 여유를 부리며 '우유 속 모카'에 빨대를 꽂아 손에 들던 우리. 야자에 늦은 탓에 선생님에게 꾸중을 들으면서도 달콤한 커피 우유 맛에 즐거웠던 10대 소녀는 이제 치킨과 생맥주를 앞에 두고 인생을 논하고 있었다. 치킨 조각을 야무지게 뜯어내며 삶의 조각을 나눴다. 치킨에서는 MSG 맛이 덜 난다고 좋아했으나 지금 내 인생에는 화학조미료가 한가득 필요하다고 생각하는 찰나, 친구는 말했다.

"고등학생 때, 너 1학기 수시 떨어지고 힘들어했잖아. 근데 결국 훨씬 잘됐었잖아. 나 그때 네가 참 자랑스러웠어. 지금도 조금 힘들 수 있지만 나는 나중엔 반드시 네가 잘될 거라고 생각해."

친구는 모를 거다. 내가 고3 1학기 수시에 떨어지고 힘들어했던 그 시절을 잊고 살았단 사실을. 친구 말에 의하면 훨씬 잘된 그 일 덕에 이전의 힘듦을 지웠는지, 아니면 그 뒤에 겪어야 했던 훨씬 더 많은 좌절과 훨씬 더 무거운 고통이 그때의 감정들을 지웠는지 알 수 없다. 하지만 친구의 말에 그 시간의 내가, 내 마음이 소환되었다. 그게 나에게 얼마나 큰 힘이 되었는지 그 친구는 아마 모를 거다. 그리고 자신이 뱉은 말 한마디 한마디가 내 심장에 얼마나 깊이 박혔는지, 앞으로 그 말이 내 마음속에 얼마나 오래 기억될 것인지도.

이틀 전, 다신 누군가의 평가나 애정으로 내 가치를 평가하지 않겠노라고 다짐했건만 또다시 누군가의 한마디로 힘을 얻었다. 나는 어쩔 수 없이 다른 사람이 필요한 사람인가. 잠시 추억은 힘이 없다고 생각했었지만, 그래서 과거에 아무리 깊은 관계를 맺었다 한들 현재 함께하지 않으면 아무 소용없다고 생각했지만, 역시 추억은 꽤나 강한 것 같다. 추억으로 엮인 관계도. 그 사실이 꽤 위로가 되는 하루였다.

두 친구

 오랫동안 만나지 못했던 친구와 매일같이 연락을 하는 친구. 고등학교 때 친했던 친구와 졸업한 후 더 친해진 친구. 편입, 유학까지 긴 시간을 돌아온 친구와 대학 졸업 직후 취업을 하고 무료한 생활을 이어온 친구.
 내게 다른 존재감으로 남아 있지만 오랜 시간 곁에 있어준 소중한 두 친구를 만났다. 한창 대화를 이어가던 중 한 친구가 갑자기 눈물을 글썽이며 말했다.
 "나는 네가 정말 잘 됐으면 좋겠어."
 갑작스러운 눈물에 당황한 나는, 내 흑역사

를 신나게 펼쳐놓은 또 다른 친구를 흘기며 말했다.

"야, 네가 비참한 내 과거를 꺼내서 쟤가 나 불쌍하다고 울잖아."

눈물을 훔치던 친구는 그런 나를 보며 다시 입을 열었다.

"그런 게 아니라 고등학교 때부터 늘 생각했어. 네가 꼭 잘됐으면 좋겠다고. 자주 연락하진 않지만 늘 그랬어. 근데 얘 얘기 들어보니까 네가 겪은 일들이랑 고통, 하고 있을 고민이나 갈등 같은 게 어떤 건지 아니까… 마음이 아파서 그래."

여전히 당황스러워하는 다른 친구를 보면서 이야기를 이어나갔다.

"얘가 겉으론 멀쩡하게 웃고 있어도 속은 얼마나 마음이 아프겠어. 남들이랑 똑같은 일 겪어도 얘한텐 더 크게 다가올지도 몰라. 그거 아니까. 그래서…."

친구의 눈에서 그렁거리던 눈물이 흘러내리는 순간, 나 역시 참았던 눈물이 터져 나왔다. 내 인생을 스쳐간 사람들의 기억 속에 나는 형편없는 존재라는 생각에 마음이 아팠었다. 그런데 친구의 마음에 내가 그런 사람으로 존재한다는 게 고마웠다. 누군가의 아픔에 같이 슬퍼해주는 것보다 누군가의 행복에 같이 기뻐해주는 게 진짜 친구라는데 내 행복을 진심으로 빌어주는 사람이 있어서, 소리 없이 견디는 내 아픔에 같이 눈물 흘려줄 사람이 있어서 감사한 밤. 지난날을 아주 잘못 살아온 건 아니란 생각에 조금은 위로가 되는 하루였다.

익숙한 투박함

 사는 게 녹록지 않은 일이란 것쯤은 이미 알고 있다. 인생이 마음대로 되지 않는다는 건 잊을 틈 없이 곁에 머문 진실이었다. 그럼에도 새로운 실망감이 나를 넘어뜨릴 때가 있다. 일자리를 위해 지원서 수 십통을 쓰고, 그들이 원할 대답을 고르고, 녹일 듯한 더위를 피해 시원한 에어컨 바람을 찾아온 대가로 바닥을 보이는 돈을 긁어내고, 원치 않은 결과를 마주한 탓에 서늘한 냉기를 마주하고. 이런 일상의 틈바구니를 비집고 올라오는 서러움에 마음이 울렁일 때가 있다. 그럴 때마다 예기치 않게, 익숙한 투박함이 나에게로 툭 떨어진다.

잘하고 와.

잘해.

힘내.

겉치레나 빈말 없이 서로를 향한 날것의 언어를 내뱉는 사이. 그럼에도 그 거친 말들 속에 굳건히 자리 잡은 보드라움을 느낄 수 있는 사이. 그래서 자주 카톡으로 투닥거리고 급작스럽게 기꺼이 얼굴을 들이미는 친구. 가난하고 우울하단 말에 흔쾌히 달달한 것을 투척해 놓고 사라지는 센스를 발휘하는 친구. 표리부동이라는 말로 비웃지만 겉으로 드러나지 않는 속내를 예쁘게 봐주는 친구. 그들이 스친 흔적을 보고 있노라니 죽으란 법은 없단 말이 새삼 주변을 동동 떠다녔다. 무언가 나를 바다로 떨어뜨릴 때마다 한 뼘씩 들어 올리는 존재도 있으니까.

Thanks, my friends.

동료라는 존재

 올해 내가 첫발을 내딛은 곳. 그곳은 내 생에서 직장다운 첫 직장이었고 아주 오랜만에 소속감을 선물해준 곳이었으며, 또 다른 세상을 열어준 공간이었다. 두렵지만 설레었다. 주변에선 저마다 비슷한 조언을 건넸다.
 직장은 학교와는 달리 정글의 세계다. 그러니 그곳에서 만난 사람들은 진짜 친구가 아니다. 속마음을 절대 내보여서는 안 되고, 말을 아껴야 한다. 특히, 그곳은 사소한 것이 소문이 되고, 말이 발 빠르게 퍼지는 특성을 가졌으니 더욱 조심해야 한다.

처음엔 조심했다. 하지만 점점 시간이 지날수록 마음을 열고, 마음이 맞는 사람이 생겼고, 결국 속마음을 꺼낼 수밖에 없었다. 그중에도 물론 진심을 배반한 사람이 있었고, 가까이 지내는 사람들이라도 학교에서 만난 친구와 분명 다른 점이 있었지만, 그래서 쉬이 '친구'란 단어를 붙이진 않았지만, '동료'가 주는 든든함이 있었다.

무엇보다 긴 설명 없이 서로의 처지를 다 알고 있었다. 구체적이고 다양한 상황까지 상세하게 다 알진 못했지만 하루 중 가장 많은 시간을 함께 보내고, 직장에서 내 위치와 사정을 잘 알고 있었기에 굳이 시시콜콜 설명할 필요가 없었다. 그런 피로한 과정 없이도 그들은 이미 일부분 내 입장에 깊이 공감하고 있었다. 비슷한 상황에 처했고, 비슷한 고민을 품고 있었으니까. 모두들 피로에 찌들어서 자주 마주할 시간도 없었지만, 서로 마주보며 이야기하는 그 짧은 시간은 따뜻했다. 앞뒤 재지 않고 정신없이 내 얘기를 쏟아내고, 얼굴에 감정을 바로 드러내버린 탓에 뒤돌아서면 후회를 할 때도 있었지만 마음에 뭉쳐 있던 응어리가 풀어지는 기분이었다. 합리보다 불합리가 훨씬 많았고, 보람만큼 좌절과 절망을 마주하는 일이 많은 공간이었지만 함께 이야기할 그들이 있어서 신명나게 일할 수 있었다. 그런 그들과 밖에서 함께할 시간이 생겼다. 거의 처음이었다. 우리 모두 직장에서 대부분의 시간을 써야 했기에.

참으로 알차게 돌아다녔고, 많이도 먹었다. 사실 그렇게 돌아다니고 먹을 필요까진 없었을지도 모른다. 그저 그런 시간이 필요했다. 구구절절한 설명 없이도 나를 이해해줄, 별 말 없이도 '괜찮다'는 시선을 보내줄 사람과 함께할 시간이. 덧붙이자면 새삼 나 역시 어른이 되는 기분, 정확히 말하면 일반인이 되어가는 기분도 좋았다.

이런 게 동료가 주는 힘이구나, 싶었다. 마음이 너덜너덜해질 만큼 일하는 지옥 같은 일터에서 움츠린 어깨를 펼 수 있는 힘. 합리적인 대화를 시도하는 행동이 보통내기가 아닌 아이라는 낙인으로 돌아오는 비합리의 세계에서 축축해진 눈가를 훔쳐낼 수 있는 힘, 진짜 자신의 모습을 감추고 지워야 하는 정글 속에서 가면을 벗어던지고 웃을 수 있는 힘.

고된 일상에 작은 즐거움을, 딱딱하게 굳어버린 표정에 작은 부드러움을, 차갑게 얼어버린 마음에 낮은 온기를 허락해준 모두에게 마음 깊이 감사를 보낸다.

좋은 사람

"사람의 체온이, 그 존재가 주는 위로랄까. 딱히 어떤 친절을 베풀지 않아도, 그 존재만으로 위로가 되는 거 있잖아요."

나를 향한 누군가의 말에 조금 당황스러웠다. 아니, 부끄러웠다고 해야 할까. 상대는 자신이 떠드는 말이 허공에서 부서지는 게 아니라 누군가의 마음에 닿는다는 사실에 심리적 안정감을 얻었다고 말했다. 원거리지만 언어를 통해 전해지는 체온으로 위로도 받았다고 덧붙였다. 제 말이 혹여 상투적인 말로 들릴지 모르겠다며, 굳이 덧붙여 길게 설명도 해주었다. 하지만 나는 여전히 고개를 들 수 없었다. 내 머릿속은 온통 한 가지 생각뿐이었다.

'이런 말을 들을 만큼 좋은 사람이 아닌데.'

뒤이어 생각했다. 좋은 사람이란 어떤 사람일까. 어쩌면 그저 기가 막힌 타이밍이 주는 선물 같은 이름 아닐까.

모든 순간은 주관적이다. 엄청난 소음도 즐기면 음악이 되고, 머리부터 발끝까지 흐트러뜨리는 바람도 그 결에 몸을 맡기면 행복이다. 모든 상황은 내 마음에 달린 것일지도 모른다.

생각해보면 그는 딱히 좋은 사람은 아니었다. 나쁜 사람일 수도 있고, 나쁘기도 하고 좋기도 한 보통의 사람이었을지도 모른다. 다만, 그를 만났던 그 순간 나는 누군가가 필요했고, 하필 그때 그가 내 앞에 나타났다. 추위에 떨고 있던 내게 그가 건넨 말은 따스했고, 내민 손은 포근했다. 그 온기 덕에 매서운 추위를 견딜 수 있었다. 그리하여 그는 내게 특별했고, 좋은 사람이 되었다. 설령 그게 착각일지라도.

하필 그 순간에 마주친 우연, 종종 우리는 그걸 인연이라 부르고, 가끔 운명이라 이름 붙인다. 설령 그 사람과의 인연이 스치듯 짧게 끝났더라도 꼭 필요한 만큼의 온기가 포개진 그 순간만큼은 운명이 아닐까. 내게 운명처럼 나타났던 수많은 좋은 사람에게 뒤늦은 마음을 전한다.

"덕분에 저는 겨울을 지나 봄에 잘 도착했습니다. 당신이 제게 나누어준 온기를 잘 품어 이제는 제가 다른 누군가에게 좋은 사람이 되어보겠습니다. 고맙습니다."

행복이란 뭘까?

"거시적으로 행복한데 미시적으론 쓸쓸해."

라고 말한 게 며칠 전이었다. 하고 싶은 일을 하고, 좋은 사람을 만나고, 몇 안 되지만 날 지지해주고 응원해주는 사람을 곁에 두었다는 것. 그 모든 게 감사하고 또 감사할 따름이었다. 물론 틈틈이 스며오는 공허함, 스트레스, 불안감은 어찌할 수 없었다. 그럼에도 결론은 행복이었다.

"나 안 행복한 것 같아."

라는 말이 튀어나온 게 바로 오늘이었다. '왜?'냐는 친구의 물음에 명치가 답답하고 욱신

거리는 증상에 대해 설명했다. 그러곤 내게 던져진 질문.

"행복이란 뭘까?"

어쩌면 나는 행복이란 감정을 소극적인 관점에서 바라봤던 것일지도 모른다. 불행하다는 것의 반대 의미 정도로.

사실 나는 행복하기도 하고 안 행복하기도 하다. 스노우 볼 속 눈송이처럼 뱅그르르 흩날리던 어제의 눈발에, 꽃을 기다리던 내게 작은 선물을 주었던 어제의 나무에, 오랜 친구와 함께 즐긴 식사에, 내 감정에 공감을 건네는 저 편의 존재에, 양쪽 입꼬리를 올라가게 만드는 따스한 사람에, 행복했고 행복하다. 동시에 나를 조여 오는 데드라인의 압박과 수없이 짓눌러오는 갑들의 횡포, 작은 틈을 재빠르게 비집고 들어오는 외로움과 불안함에, 서러웠고 서글프다.

그런 수많은 순간들이 켜켜이 쌓여 그저 그런, 소중한 나의 일상이 된다. 조금은 씁쓸하고,

그 보다 조금은 더 행복한.

결론은,

나는 요즘 꽤 행복한 걸로.

평범예찬

©2025. 정담아 all rights reserved.

1판	1쇄	2018년 9월 10일
1판	4쇄	2020년 6월 12일
2판	1쇄	2025년 6월 15일

지은이	정담아
편집/디자인	정담아
표지그림	최정연
펴낸곳	달그랑

이 책의 판권은 지은이에게 있습니다.
이 책 내용의 전부 또는 일부를 재사용하려면
반드시 저자의 서면 동의를 받아야 합니다.

잘못된 책은 구입하신 서점에서 교환해드립니다.